DIALOGUE

ENTRE

UN MILITAIRE ET UN DÉPUTÉ,

OU

PETIT CATECHISME

POLITIQUE,

À L'USAGE DES AMIS DE LA LIBERTÉ, DE LA LÉGITIMITÉ ET DE L'INDUSTRIE.

Par l'Auteur des CONSIDÉRATIONS SUR L'ORGANISATION SOCIALE, imprimées à Paris en 1802.

Quid verum atque decens curo et rogo et omnis in hoc sum.

HORAT.

PRIX : 1 FRANC.

PARIS.

JUILLET 1819.

IMPRIMERIE PORTHMANN,
RUE Ste.-ANNE, N°. 43,
Vis-à-vis la rue Villedot.

NOTA. — L'auteur de ce petit écrit, désirant lui donner toute l'utilité dont il est susceptible, recevra avec reconnaissance les renseignemens, questions et observations que l'on voudra remettre chez M. PORTHMANN, imprimeur, rue Sainte-Anne. Le public pourra contribuer ainsi au perfectionnement de la seconde édition.

AVANT-PROPOS.

Depuis long-temps on ne cesse de parler et d'écrire en France sur la liberté, sur l'égalité, sur les lois, sur l'administration, sur le Gouvernement représentatif, etc. Plus on a discuté ces matières, moins on s'est entendu ; il y a pourtant dans la nation française de grandes dispositions à bien faire. D'où viennent donc tant d'erreurs ? Elles viennent d'une situation toute nouvelle pour nous, et de plusieurs désordres qui nous ont constamment empêchés de marcher vers le but qu'il faut atteindre. Encore aujourd'hui tous les esprits fermentent ; doit-on s'en étonner ! Au milieu de la paix, les surtaxes sont conservées, les abus s'accroissent, l'industrie souffre. — On est las d'espérer sur de vaines promesses : un malaise général, une inquiétude vague, préparent de nouvelles révolutions, et rien n'est disposé pour nous garantir de la tempête. Aucune idée positive ne règle la législation, ni la marche de l'administration ; aucune instruction suffisante ne dirige les ministres, ni le peuple, ni ses délégués ; tout en France est dans l'incertitude, tout semble provisoire, personne ne compte sur le lendemain.

Cet état de choses ne peut être durable.* Je cherchais depuis long-temps le moyen de ramener à des termes simples et précis, les élémens sur lesquels sont basés tous les intérêts nationaux ; je sentais la difficulté d'un tel ouvrage , lorsque la forme du dialogue m'a paru propre à bien poser les questions , et à rendre leur solution familière. Cet essai ne saurait présenter de grands développemens : il ne peut offrir que la substance des matières; il suffit au surplus qu'il en indique l'ordre et l'enchaînement, pour arriver à des résultats utiles.

Afin de ne point commettre d'erreur, j'ai mis de côté les vaines théories qui nous ont égarés ; je n'ai pris pour guide que les faits, nos besoins, et l'expérience des peuples libres. Je n'aspire point au mérite de dire des choses neuves , je me borne à rappeler à chacun de mes lecteurs , ce que son intérêt exige, j'ai voulu montrer que le triomphe des intérêts nationaux serait facile, si l'on examinait mieux les formes et les avantages du Gouvernement représentatif.   MONDENARD.

---

* En France , l'attribut ordinaire des hommes en place est l'insouciance; ils veulent absolument dormir sur des roses. On n'a point oublié leur mépris pour tous les conseils donnés avant le 20 mars , et leur inconcevable aveuglement jusqu'à l'arrivée de Bonaparte aux portes de Paris. Ecoutez encore aujourd'hui les ministériels , ils vous diront qu'il n'y a aucun danger dans la position de la monarchie , que tout marche et doit bien marcher; ils ne voient pas qu'un ministère ne peut se soutenir tout seul, et sans plan régulier; ils ne voient pas que l'on marche jusqu'au moment où l'on tombe, et que la chute du trône de Louis XVI fut précédée de toutes les instabilités qui accompagnent le changement perpétuel des ministres.

DIALOGUE

ENTRE

UN MILITAIRE ET UN DÉPUTÉ.

LE DÉP. Quoi vous voilà, mon cher ! on vous croyait perdu depuis la funeste campagne de Moscou ; vos parens vont être bien étonnés de vous revoir.

LE MIL. J'étais prisonnier, et j'arrive des frontières de l'Asie. Vous sentez que dans un tel éloignement, les correspondances ne sont pas faciles ; mais vous, par quel hasard êtes-vous à Paris ?

LE DÉP. Je suis membre de la Chambre des Députés.

LE MIL. Ah ! tant mieux ; vous avez de l'esprit, du talent, du courage. S'il y a parmi vos collègues beaucoup d'hommes qui vous ressemblent, on peut espérer que le Corps législatif ne fera plus fausse route.

LE DÉP. Je vous remercie de la bonne opinion que vous avez de moi ; vous pourriez bien au surplus vous tromper sur mon influence, et sur celle de mes collègues.

Le Mil. N'avons-nous pas enfin le Gouvernement représentatif et les Bourbons. Je conçois que Bonaparte pouvait étouffer le cri public par le despotisme, résultat nécessaire de toute usurpation; nos législateurs n'étaient alors que des hommes payés pour approuver les caprices d'un fou; mais l'état actuel ne saurait ressembler au passé; il ne peut y avoir rien de commun entre le pouvoir d'un monarque légitime, et celui d'un usurpateur, je vois avec transport que les jours de la prospérité sont venus pour ma patrie.

Le Dép. J'applaudis à votre espoir. Sans doute, le retour du Roi était indispensable pour tirer la France de l'abîme; mais que de choses à faire encore, et que nous sommes loin du but qu'il faut atteindre !

Le Mil. On l'atteindra, pourvu que les Chambres fassent leur devoir. Dans les grandes assemblées, il se trouve toujours quelqu'un qui montre le bon parti; tôt ou tard il faut le suivre. La publicité de vos délibérations, jointe à la liberté de la presse, doit amener bientôt toutes les libertés raisonnables.

Le Dép. J'en conviens ; il ne s'agit plus que d'avoir le temps de rendre populaires les principes, ainsi que les avantages de notre nouveau Gouvernement ; car si, faute d'institutions, c'est-à-dire, de bons points de ralliement, un petit nombre de factieux pouvait faire la loi, la nation pourrait bien redevenir l'instrument et la victime des commotions révolutionnaires.

Le Mil. Tout cela est fini ; si quelques mutins s'avisaient de bouger, l'armée en ferait justice.

Le Dép. Voilà précisément ce qu'il ne faut pas faire. Dans un pays libre, les lois suffisent pour maintenir la tranquillité publique. La force armée ne doit servir qu'à la défense extérieure de l'Etat. L'expérience de tous les temps prouve que tout est perdu pour la liberté, lorsque les droits civils n'ont pour soutien que des bayonnettes. Je vois que vous ne connaissez pas l'action et la puissance du Gouvernement représentatif.

Le Mil. Vous pardonnerez mon ignorance : ce n'est pas à l'école de Buonaparte que j'aurais pu m'instruire sur ces matières, et dans mes voyages je n'ai pas vu beaucoup de peuples libres ; mais puisque je vous tiens, instruisez-moi ; je vous promets attention et sincérité.

LE DÉP. À la bonne heure ; ce n'est qu'ainsi qu'on peut s'entendre : sans ces dispositions, les discussions politiques dégénèrent ordinairement en disputes d'amour-propre, qui font perdre de vue les intérêts qu'on doit défendre.

Il faut d'abord vous bien convaincre de la nécessité d'un pouvoir régulateur : sans ce pouvoir, le fort opprimerait toujours le faible, et l'état social institué pour l'intérêt de tous ses membres, n'aurait aucune fixité.

LE MIL. Cela n'est pas douteux, et ne paraît point susceptible de contestation.

LE DÉP. Vous vous trompez très-fort ; les théories de nos demi-savans sur la liberté absolue, et sur le Gouvernement de fait, prouvent chaque jour qu'ils ne connaissent pas les bases de ce pouvoir régulateur, et qu'ils confondent la liberté avec la licence, la légitimité avec l'usurpation, l'esprit de parti avec l'esprit national : ils n'ont réellement aucune idée des devoirs qu'impose la justice ; voilà ce qui fait que la plupart des hommes atteints de l'esprit révolutionnaire ne peuvent se tenir tranquilles ; ils cherchent toujours les aventures, et ne seront contraints à suivre un ordre régulier, que lorsque la forme du Gouvernement assurera la tranquillité publique, par la prospérité publique.

LE MIL. Eh! quel est le Gouvernement capable de produire ces bons effets. En lisant notre histoire, je vois les meilleurs rois trompés, assassinés; les meilleurs ministres contrariés dans tous leurs desseins, en proie à toutes les intrigues, et nos plus belles époques à peu-près perdues pour le bonheur national.

LE DÉP. On ne connaissait alors que l'autorité du Roi, celle des grands, celle de la magistrature, et ces différentes autorités se choquaient sans cesse : la révolution a facilement détruit un régime qui n'avait pas l'appui de l'intérêt commun; mais elle n'a rien mis de raisonnable à la place de ce qui existait. On a voulu reconstruire tout l'édifice, sans songer aux fondemens : une longue et douloureuse expérience nous a enfin montré que l'administration, en France, ne pouvait plus être absolue, ni aristocratique, encore moins démocratique, et que l'état ne pouvait trouver le repos que sous un Gouvernement représentatif.

LE MIL. Commençons : dites-moi ce qu'il faut entendre par les mots Gouvernement représentatif.

LE DÉP. C'est un gouvernement dans

lequel tous les intérêts légitimes sont constamment représentés, discutés et protégés.

Le Mil. Qu'entendez-vous par intérêts légitimes ?

Le Dép. Ce sont ceux de la liberté, de la propriété, de la justice, ainsi que ceux de l'agriculture, des manufactures et du commerce.

Le Mil. Comment ces intérêts peuvent-ils être constamment représentés ?

Le Dép. Ils le sont de fait, l'expérience le prouve dans les pays libres, lorsque la masse du peuple, c'est-à-dire des domiciliés, influe sur l'élection des Députés ; lorsque ces Députés ne peuvent être pris que dans la classe des propriétaires, et que la liberté de la presse permet toujours de signaler les abus, l'inexécution des lois et toutes les usurpations du pouvoir.

Le Mil. Comment ces intérêts peuvent-ils être constamment discutés ?

Le Dép. Par les moyens que je viens de mentionner, et par la différence des intérêts privés, qui produit nécessairement une discussion vive et franche dans les deux Chambres, dans les journaux, dans les réunions habituelles de la société.

Le Mil. Comment ces intérêts sont-ils constamment protégés ?

Le Dép. Ils le sont toujours sous l'empire de la liberté, parce que dans cet état de choses les Chambres et les ministres ne peuvent jamais s'écarter de l'intérêt national. Les fautes individuelles privant chaque député de sa popularité et des moyens de se faire réélire, chaque pair de sa considération et de son influence, chaque ministre de la possibilité de rester dans le ministère, sans courir le risque d'une accusation très-sérieuse, ce qui force chacun d'eux à se tenir honorablement dans la ligne de ses devoirs : c'est ainsi que la bonté des institutions venant au secours de toutes les faiblesses humaines, empêche qu'aucune mesure contraire à l'intérêt général ne soit adoptée.

Le Mil. Il n'y a donc pas de Gouvernement représentatif, lorsque la liberté personnelle et la propriété n'ont point de véritables garanties, lorsque la liberté de parler et d'écrire n'est pas sagement établie, lorsque la masse du peuple ne peut intervenir dans les élections ; lors enfin que la responsabilité des ministres n'est pas effective, et que l'arbitraire peut disposer des personnes, des biens et des revenus publics.

LE DÉP. Voilà précisément ce qui fait que nous n'avons jamais eu en France le Gouvernement représentatif.

LE MIL. Eh bien ! dites-moi comment il faut établir cette forme de Gouvernement ?

LE DÉP. Il faut l'établir suivant les besoins du peuple et du pays. Dans l'Amérique septentrionale, la situation géographique et politique indiquaient la nécessité de former des républiques fédératives. En France, au contraire, la situation territoriale, les habitudes et les besoins exigent impérieusement plus de concentration de pouvoir, ainsi que de plus forts contrepoids à l'autorité. Ces conditions ne peuvent être remplies que par l'établissement d'un Gouvernement mixte, c'est-à-dire d'un Gouvernement monarchique, éminemment fondé pour la protection de la propriété, et soutenu par elle (1).

----

(1) Le problème à résoudre pour la tranquillité permanente d'une société civilisée, est de savoir comment on peut maintenir la propriété dans un état où cette propriété est dans les mains de la minorité de la nation, et où la majorité n'ayant qu'une existence précaire par un travail souvent irrégulier, peut être fort tentée de s'emparer des biens de la mino-

Le Mil. Ainsi le Gouvernement mixte se compose des prérogatives de la couronne, des droits de la pairie et d'une sage influence de la propriété dans la Chambre des Députés. L'assemblée, dite constituante, n'avait donc pas établi un Gouvernement convenable, puisque, dans la constitution de 1791, il n'y avait point de pairie, et que chaque prolétaire pouvait être membre du Corps législatif.

Le Dép. C'est ce qui produisit l'anarchie. Si les beaux esprits de cette assemblée avaient eu la moindre connaissance des besoins de la France et du Gouvernement, ce que ces besoins exigent, ils auraient senti que la constitution qu'on

---

rité. Comme il n'y a en France qu'environ cinq millions de propriétaires, ce problême ne peut être résolu que par un Gouvernement mixte, dans lequel la propriété exerce sa juste influence. La démocratie ne peut donc convenir aux Français : le jour où elle leur fut promise, le Gouvernement devint populassier, toutes les propriétés furent attaquées et la France devint barbare.

En Amérique, au contraire, le problême a été facile à résoudre, parce qu'il y avait plus de terres que de propriétaires, et qu'ainsi la masse du peuple avait intérêt à la conservation de la propriété.

nous fit jurer, même avant de l'avoir faite, était subversive de l'intérêt national.

LE MIL. Et que dire des sept ou huit constitutions que l'on fit depuis la chûte du trône jusqu'à la restauration de la maison de Bourbon ?

LE DÉP. L'expérience a trop prouvé que toutes ces constitutions étaient l'œuvre des factions, de l'ignorance et de la tyrannie. Ces horribles extravagances ont couvert l'Europe de massacres et de ruines, ont amené deux fois les armées étrangères dans Paris, et nous ont exposés à toutes les horreurs de la guerre civile.

LE MIL. Mais la Charte, qu'en pensez-vous ?

LE DÉP. La Charte est la déclaration positive des droits du monarque et de ceux des sujets ; elle renferme les élémens du régime constitutionnel que la législation doit développer ; elle a fixé l'exercice du pouvoir législatif et de l'autorité exécutive, d'après l'exemple des pays libres. La Charte est donc un véritable bienfait ; mais la Charte ne peut se soutenir seule, elle a besoin de points d'appui : sans cela son exécution serait toujours éludée comme elle l'a été depuis sa promulgation.

(15 .)

Le Mil. Quels sont ces appuis qui vous paraissent nécessaires?

Le Dép. Ce sont des institutions libérales.

Le Mil. N'avons-nous pas des pairs, des députés, des tribunaux, des juges de paix, des préfectures, des conseils généraux de départemens, des municipalités, un conseil d'Etat, des ministres, des directeurs généraux, etc.; la France n'a-t-elle pas assez d'administrateurs, de commissaires, de receveurs, d'inspecteurs? Voulez-vous encore augmenter leur nombre, pour achever la ruine du royaume?

Le Dép. Je voudrais au contraire élaguer doucement les branches parasites du tronc de l'arbre national, c'est-à-dire établir un ordre véritablement constitutionnel, dans une administration qui ne fut jamais libérale, et qui, créée par, et pour le despotisme, n'est conservée que dans l'intérêt du pouvoir ministériel.

Le Mil. On dit pourtant que c'est une machine superbe, fortement organisée dans toutes ses parties, et qu'il faut bien se donner de garde de la changer.

Le Dép. Vous voyez les effets qu'elle a produits, et ceux qu'elle produit tous les jours. Je ne veux pas faire le procès de ses auteurs; on sait dans quelles circonstances difficiles ils étaient placés, mais je dois vous montrer que cette machine est vicieuse, qu'elle est construite sur des principes anti-sociaux, et qu'elle a le plus grand besoin d'être perfectionnée par des mains habiles.

Afin d'établir des idées positives à cet égard, considérons l'une après l'autre, nos institutions actuelles.

Le Mil. Fort bien. Que pensez-vous sur la Chambre des pairs? Nos républicains disent que c'est un rouage inutile.

Le Dép. Ils ont tort; presque toutes les républiques anciennes et modernes ont reconnu la nécessité d'un parti aristocratique et d'un sénat. D'ailleurs, la France, par sa nature, est une monarchie, dans laquelle la pairie peut seule maintenir la balance entre le trône et la Chambre des députés, par la noble rivalité du patriotisme et des talens. Mais pour que la Chambre des pairs puisse remplir ses hautes fonctions, il faut que sa puissance soit soutenue par celle de la couronne, par la présence des princes du sang, et par l'influence de la grande propriété. Les pairs doivent être les hommes les plus considérables par la naissance, par de grands services, par la fortune, et par le patronage; il faut qu'ils se pénètrent bien de l'idée qu'ils doivent être à la tête de toutes les entreprises vraiment libérales , parce que les chefs du peuple sont les plus intéressés à sa prospérité, et qu'ils tiennent leur principale force de l'opinion publique. La Chambre des pairs doit différer très-rarement d'opinion avec les ministres de la couronne ; si cela arrive, cette scission provient de ce que les ministres s'écartent de l'intérêt national ; dans ce cas la manifestation de l'opposition de la Chambre doit être toujours précédée de représentations directes et respectueuses à la personne du Roi (1).

De grandes fautes ont nui jusqu'à présent en France à la formation et à l'autorité de la pairie constitutionnelle ; mais elle prendra nécessairement la direction qu'elle doit avoir, parce que tous les corps politiques tendent vers une concentration de force, et que le pouvoir des pairs balancé par celui des communes est intimement lié à celui de la monarchie.

Le Mil. Que dites-vous de la Chambre des députés ?

Le Dép. Qu'elle n'est pas assez nombreuse pour représenter une nation telle que la nôtre, et qu'elle ne peut suffisamment défendre les intérêts de la liberté et de la propriété.

____

(1) C'est ainsi que cela se pratique en Angleterre.

LE MIL. Expliquez-moi cela, je vous prie.

LE DÉP. Dans les pays libres, la représentation nationale doit être proportionnée à la population ; il avait été reconnu en conséquence, lors de la restauration, qu'il fallait augmenter le nombre des députés ; il le fut en effet, mais les ministres s'aperçurent bientôt qu'une assemblée nombreuse est plus indépendante, plus difficile à maîtriser qu'une assemblée réduite à de faibles oppositions ; ils ne virent pas qu'ils allaient sapper la base du Gouvernement représentatif, seule planche de salut pour la monarchie, pour les sujets et pour le ministère lui-même. Le nombre des membres de la Chambre fut réduit par une ordonnance, continuellement applaudie par les hommes de la révolution. Les ministres ont fait plus encore ; follement aveuglés par l'amour du pouvoir, ils ont fait établir un mode d'élection qui n'admet dans les assemblées électorales que des individus payant trois cents francs de contributions directes, ce qui exclut la majorité des propriétaires, et réduit le nombre des électeurs à moins de cent mille, dont plus d'un tiers dédaigne de paraître, par la certitude que les nominations sont arrangées d'avance.

Dans cet état de choses, les droits civils ne peuvent obtenir les garanties effectives que donne le Gouvernement représentatif ; il n'ont que celles qui résultent de la moralité des ministres, et des plaintes impuissantes de quelques députés.

Le Mil. Mais nous avons des tribunaux pour faire respecter les droits civils.

Le Dép. Que peuvent les tribunaux, lorsque l'action de la justice est à chaque instant contrariée par des milliers de lois révolutionnaires, par les subterfuges et l'audace des hommes chargés de l'administration publique ?

Le Mil. Comment se fait-il que la justice de paix, qui concilia tant d'affaires dès qu'elle fut établie, en concilie si peu maintenant ?

Le Dép. C'est que cette institution fut dénaturée par des émolumens. Dès-lors on ne vit plus dans les places de juge de paix que le profit, au lieu d'y voir la considération publique. Les hommes de loi s'emparèrent de cette importante magistrature ; et l'on sait que dans aucun pays ils ne sont ennemis des procès.

Le Mil. En matière criminelle, le jury ne prononce-t-il pas sur les faits ?

Le Dép. C'est une heureuse innovation pour nous ; mais le despotisme révolutionnaire est venu gâter cette belle institution, comme les autres. Tant que les préfets formeront la liste des jurés, l'accusé doit craindre que le Gouvernement n'exerce une trop grande influence sur les décisions de la justice. Un jury indépendant ne doit être formé que par le sort, sur la liste générale des propriétaires domiciliés.

Le Mil. Je vois que vous voudriez limiter le pouvoir des agens ministériels.

Le Dép. Je voudrais le régulariser, pour que l'autorité fût constamment bienfaisante et respectée.

Le Mil. Ainsi vous ne voudriez pas tolérer les mesures de haute-police, ni le pouvoir à peu près discrétionnaire des préfets sur plusieurs objets de leur administration.

Le Dép. Il faut être toujours ennemi des pouvoirs indéfinis, parce que ces pouvoirs tombent toujours dans les excès. Les préfets sont bien moins contenus que ne l'étaient jadis les intendans, qui étaient loin d'être irréprochables. Un préfet ne dépend que du ministre de l'intérieur ou de ses commis, au lieu qu'un intendant était contenu par la sévère jalousie des parlemens, par celle du gouverneur de la province, et quelquefois par l'autorité des Etats.

Le Mil. Etes-vous plus content des municipalités et des conseils généraux de département ?

Le Dép. Je voudrais n'avoir rien à

censurer. Ces établissemens sont les moins onéreux ; cependant leur composition laisse beaucoup à désirer. C'est le préfet qui nomme ou désigne les conseillers, les maires, les adjoints, souvent sans égard au vœu des habitans des départemens et des communes; il en résulte que ces conseils, ainsi que ces municipalités, ne défendent pas suffisamment les droits de leurs administrés. Depuis la révolution, ces corps subissent aveuglément le joug qu'on leur impose, et ce joug n'a pas été léger.

Tant que les corps municipaux dépendront des ministres, au lieu de dépendre des lois, il n'y aura aucune réalité dans le pouvoir municipal.

Le Mil. Mais le Conseil d'Etat doit régulariser la marche de l'administration.

Le Dép. Vous vous trompez fort, il l'a, au contraire, constamment embrouillée, ses décisions ayant souvent empiété sur la juridiction des tribunaux ou sur l'autorité ministérielle. Du temps de Bonaparte, le Conseil d'Etat inspectait de fait les ministres et ne connaissait guère d'autre règle que les fantaisies du maître. Aujourd'hui ce n'est plus qu'un bureau de contentieux de l'administration, c'est-à-dire, un moyen d'empêcher les tribunaux d'appliquer la loi commune aux agens particuliers du Gouvernement.

Le Mil. Il me semble, d'après cela, que l'existence du Conseil d'Etat ne peut être constitutionnelle.

Le Dép. Elle est certainement très-contraire à l'existence d'un Gouvernement libre. Voilà pourquoi elle est sans cesse attaquée dans les Chambres.

Le Mil. Et comment peut-on soutenir un pareil établissement ?

Le Dép. Les ministres ont prétendu qu'il avait été conservé par la Charte. Mais de ce que la Charte a conservé les autorités existantes, il ne s'ensuit pas qu'elle ait conservé un pouvoir entièrement contraire à l'esprit constitutionnel. La Charte n'a été instituée que pour remédier au désordre et n'a pu vouloir le confirmer.

Le Mil. Dans ce cas, il faut supprimer le Conseil d'Etat, qui décide et n'est point responsable ; car toute la responsabilité du Gouvernement doit porter sur le ministère ?

Le Dép. Sans doute, cela devrait être, cela est même absolument nécessaire ; cependant cela ne se peut pas dans l'état actuel. D'abord il faut observer que les ministres n'étant point astreints à l'uniformité de plans et de principes, comme dans les pays libres, ne peuvent être solidaires, ce qui leur persuade qu'ils sont indépendans dans leurs opérations. Ensuite l'ordre de leur travail est si compliqué, leurs employés sont si nombreux, si accoutumés à l'arbitraire, et leurs correspondances, leurs devoirs de cour, leurs audiences, exigent tant de soins et de temps, qu'aucune force humaine ne pourrait suffire aujourd'hui à l'expédition régulière des affaires d'un ministère en France. Les directeurs généraux des contributions, les receveurs généraux, exercent d'ailleurs une si grande autorité sur leurs subordonnés, ainsi que sur les contribuables, qu'il eût été fort injuste de rendre le ministère responsable d'une concussion, d'un abus de pouvoir, d'un passe-droit, d'une destitution inconvenante, ou d'un déni de justice. Il ne pouvait souvent connaître ni le fait, ni la plainte ; encore moins les moyens de réparer le mal. Ce n'est que par la liberté de la presse et par le droit de pétition aux Chambres que les ministres seront tenus en éveil, et jusqu'à présent ces droits n'avaient été ni bien établis, ni bien exercés dans l'intérêt national.

LE MIL. Vous me donnez une singulière opinion de l'administration française ; on ne doit plus être surpris de nos fautes, ni de nos malheurs.

LE DÉP. Vous voyez que nos institutions manquent toutes d'ensemble, et qu'elles n'ont pu jusqu'à présent agir avec ordre, parce qu'elles n'étaient pas essentiellement fondées sur la propriété, première base de l'état social. Une organisation aussi vicieuse ne présente aucune garantie pour le trône ni pour les sujets; elle ne saurait produire que le despotisme, la misère et des révolutions.

LE MIL. Je vous avoue que la pauvreté de la plupart des paysans me serre le cœur, et que je suis encore plus étonné de l'existence précaire des habitans des villes. Avant mes voyages, je croyais que le peuple français était le peuple le plus riche de la terre. J'ai été bien surpris de voir que dans le reste de l'Europe, le paysan était mieux nourri, mieux vêtu. Je ne parlerai ni de la Flandre, ni de l'Angleterre, ni de la Hollande; mais je dirai que même en Pologne, le peuple est plus sûr de sa subsistance que dans nos belles provinces.

LE DÉP. Vous avez peut-être entendu parler de *l'Homme aux 40 écus* de Voltaire? De son temps, on estimait que cette somme de 40 écus était la quote-part d'un Français dans le revenu national. Depuis cette époque, un écrivain que l'on a soupçonné d'exagération, a estimé ce revenu à 187 fr. 50 cent. par tête, ce qui en effet excède beaucoup les calculs de la plupart des écrivains français (1). Il faut distraire de tout cela les contributions, ainsi que la part des riches. Voyez ce qui reste pour les pauvres.

Le Mil. O ciel! que dites-vous là? Je ne puis vous croire ; nous serions moins riches que du temps de Louis XV, puisqu'avec le même argent, on aurait alors

____

(1) Lavoisier a estimé le produit net de notre ancien territoire 1200 millions ; M. de Forbonnais l'avait évalué 800 millions, le ministre Ramel 1500, y compris la rive gauche du Rhin ; Arnoult 1100. Enfin, M. le comte Chaptal, ancien ministre de l'intérieur, assure dans l'ouvrage qu'il vient de publier sur l'industrie française, que, d'après une vérification ordonnée par M. le baron Louis, le revenu imposable, y compris les maisons, est de 1,626,000,000 f. Ce revenu serait la partie nette d'un produit brut que M. Chaptal estime 4,678,708,888 fr. Il faut joindre à cette dernière somme les produits de l'industrie, estimés par le même écrivain, pour la main-d'œuvre, bénéfice des fabricans et entretien des manufactures, un milliard 218,002,221 fr. ; ce qui forme un total de 5,896,711,109 fr. Cette somme, répartie sur une population que M. Chaptal dit être de 29,327,388 individus, ferait environ 201 f. par tête ; mais il faut observer que M. Chaptal a porté très-haut le prix des grains. Il reste donc à peu près démontré que notre quote-part du revenu national n'est pas de 12 sous par jour.

obtenu beaucoup plus de vivres et payé plus de salaires ; et puis comment ferait ce pauvre peuple pour subsister ?

Le Dép. Votre étonnement est naturel: La nation française prise en masse était certainement plus riche du temps de Voltaire, qu'elle ne l'est aujourd'hui, parce que la France possédait alors Saint-Domingue, de beaux établissemens en Asie, un grand commerce extérieur, et surtout un immense revenu disponible, provenant de son agriculture ; les taxes étaient beaucoup plus légères, et l'exportation des farines dans les colonies était très-considérable. Maintenant Saint-Domingue ne nous appartient plus ; nous sommes, par suite des fautes de la révolution, dépouillés du commerce du Levant et de celui de l'Asie, et nos terres sont tellement morcelées, qu'on ne peut faire aucun approvisionnement considérable en blé, laine, chanvre ou fourrages, sans avoir recours à la violence des réquisitions en nature.

Le Mil. Voilà qui me paraît sans réplique.

Le Dép. D'autres faits pourraient encore vous convaincre. Examinez le prix des gages des journaliers, vous verrez que dans la majeure partie du royaume, une famille de paysan ne gagne pas 10

sols par tête et par jour, *l'un dans l'autre.*
Une bonne fileuse ne gagne que 5 sols,
une brodeuse ou une ouvrière en dentelle
de 6 à 7 sols, même à la porte de la capitale ; une ouvrière en rubans de 7 à 8
sols. Si les maçons, charpentiers, etc.,
reçoivent à Paris et dans quelques grandes
villes un salaire d'environ 50 sols par
jour, il faut faire sur cette somme la part
de la femme et des enfans, et distraire les
jours de fête, ainsi que ceux où l'on ne
peut travailler. Dans cet état de choses,
le peuple ne saurait se bien entretenir,
encore moins épargner pour les jours de
la vieillesse. Il n'a d'autre perspective que
l'hôpital, en cas d'infirmité : encore faut-
il qu'il y ait des places vacantes.

LE MIL. Si vous remédiez à tant de
maux, je tombe à vos pieds.

LE DÉP. Soyez sûr que cet état déplorable changera par l'action irrésistible de
la liberté. Bientôt vous verrez prospérer
la France, à l'égal des peuples les plus
sages ; bientôt son agriculture, ses manufactures, son commerce, étonneront l'U-
nivers.

LE MIL. Je croyais, d'après les gazettes,
que ces branches de la prospérité publique
étaient dans le plus brillant état ; cependant je vois partout des jachères, des terres
incultes et d'assez pauvres récoltes. Quant

aux manufactures, j'entends dire qu'elles
font mal leurs affaires, et que les ports
des villes commerçantes sont dénués de
vaisseaux.

LE DÉP. Comment l'industrie pourrait-elle prospérer, lorsque les lois l'oppriment sans cesse ? La contribution foncière, la défense habituelle d'exporter les
grains, les primes si souvent accordées à
l'importation ; enfin, l'impossibilité de se
procurer les capitaux nécessaires aux
améliorations, par suite des vices de l'administration financière, réduisent nécessairement la France à la petite culture, et
qui, plus est, à laisser en friche toute la
partie du territoire qui, dans ce mauvais
système, ne pourrait payer les frais d'exploitation. Quant aux manufactures, il
est clair qu'elles sont réduites à l'inaction, lorsque le peuple des campagnes fabrique ses pauvres vêtemens, et que les
habitans des villes sont hors d'état de
faire de grandes consommations. Alors,
par toutes ces causes, les emplois ne peuvent être proportionnés à la population,
et l'industrie nationale ne peut soutenir la
concurrence de celle de l'étranger ; c'està-dire, en d'autres termes, que l'argent
manquant pour les entreprises utiles, l'ouvrier est sans travail et sans pain.

LE MIL. Il est certain que rien n'est
plus frappant que la quantité de gens oi-

sifs que l'on trouve dans toutes les parties du Royaume ; le nombre de ces désœuvrés est une des choses qui étonnent le plus, lors surtout qu'on réfléchit sur les bons conseils que donnait Sully.

Le Dép. Vous avez donc lu les *Mémoires de Sully ?*

Le Mil. Sans doute ; je ne puis comprendre comment nous avons si peu suivi ses avis.

Le Dép. Il est certain que ses successeurs ne l'ont pas imité. S'ils avaient, comme lui, favorisé l'exportation des grains, diminué les impôts sur la terre, et porté la plus sévère économie sur les dépenses publiques, la France serait réellement le pays le plus riche de l'Europe.

Le Mil. Vous oubliez deux points essentiels, ses projets pour les canaux et pour rendre nos rivières navigables, sa vigilante attention pour les plantations et pour l'augmentation des troupeaux.

Le Dép. Ajoutez encore ses bonnes dispositions pour faire arriver directement à la Trésorerie les tributs des provinces ; il savait que lorsque l'argent du public séjourne entre les mains des receveurs, il n'y a de profit que pour eux.

Le Mil. Est-il vrai que les frais d'administration et perception en France coûtent près de 200 millions par an, et que nous avons des armées de commis, de juges et d'administrateurs? Tant d'employés sont-ils nécessaires dans un Gouvernement représentatif?

Le Dép. Au contraire, et l'on sera bientôt forcé de diminuer ces rouages inutiles et ruineux.

Le Mil. Mais que deviendront ces gens-là, si l'on supprime leurs places?

Le Dép. Ne voyez-vous pas qu'en ouvrant la carrière de l'industrie, par la destruction des lois qui la blessent, la plupart des hommes qui sont à la charge de l'Etat pourront devenir de bons cultivateurs, de bons manufacturiers, de bons négocians. Tous les métiers sont mauvais sous le despotisme, ils deviennent excellens sous l'empire de la liberté. Il faut d'ailleurs que la justice préside à tous les changemens. Le point principal, c'est de ne plus recruter des bandes de commis inutiles, et de bien employer ceux que l'on conserverait.

Le Mil. Quelles sont les principales causes de tant d'abus?

Le Dép. C'est, comme vous l'avez vu, le vice des institutions actuelles, c'est l'habitude du pouvoir absolu, c'est le désordre des finances, c'est l'oubli général des droits et des devoirs, c'est la présomption des administrateurs, jointe à l'ignorance des moyens employés par les autres peuples.

Le Mil. N'oubliez pas que vous m'avez promis de prouver que nous pouvons mieux faire à l'avenir. Jusqu'à présent, je n'ai trouvé que des censeurs et des mutins ; personne n'a proposé, ce me semble, un plan général d'administration.

Le Dép. La vérité est que nos beaux esprits ne se sont pas donné cette peine ; mais patience, la liberté de la presse fera mieux que les beaux esprits. Je vous assure que je finirai cet entretien, en indiquant des moyens positifs pour améliorer sans secousse toutes les parties de notre Gouvernement. Il faut d'abord examiner notre système d'élection ; car c'est du choix des députés que dépend la vie du Gouvernement représentatif. Si, dans les assemblées électorales, l'esprit de parti pouvait l'emporter *généralement* sur l'intérêt national, il serait impossible d'assurer le triomphe de cet intérêt.

Le Mil. J'ai toujours entendu dire qu'en Angleterre, ainsi que dans les États-Unis d'Amérique, l'esprit de parti décidait des élections, et vous voyez qu'en France, c'est à peu près de même.

Le Dép. La différence est pourtant très-grande. En Angleterre, ainsi que dans les États-Unis, les candidats sont connus d'avance ; on discute longuement leur capacité, leur moralité, leurs connexions (1), et le parti qui domine dans chaque assemblée électorale, ne se décide jamais sans la profession de foi du candidat en matière politique. Enfin, les suffrages donnés à haute voix ont beaucoup plus d'énergie et d'exactitude que le scrutin. Il résulte de cet ensemble, que l'élu ne peut dévier du chemin que lui trace le vœu de ses commettans. Les ministres ont, il est vrai, beaucoup de moyens pour obtenir des suffrages, et cela est nécessaire pour qu'ils puissent gouverner (2);

---

(1) On entend par connexions les liaisons de parenté, d'amitié, de fortune et d'influence de chaque député, candidat ou ministre; en Angleterre, les membres de la chambre des communes ont de nombreuses connexions dans leurs provinces ; les pairs en ont dans la chambre des communes, où siègent par voie d'élection leurs enfans et leurs amis ; enfin, les ministres ne sont portés et soutenus au ministère que par leurs connexions dans les deux chambres et dans le public. Cet ensemble donne une force réelle et régulière à la machine politique. En France, au contraire, chaque corps est isolé, et le ministère ne peut se soutenir momentanément que par son savoir-faire.

(2) Cela ne veut pas dire, au surplus, qu'il soit nécessaire d'élire des préfets pour voter les impôts, des militaires pour contrôler les dépenses du ministère de la guerre, et des protégés de la police pour consolider la liberté. N'y a-t-il pas en France des hommes véritablement indépendans ?

mais l'esprit de discussion balance cette influence. Chaque parti a ses partisans, ses bourgs, ses prôneurs, ses ennemis. Ces intérêts variés forment d'excellens contre-poids, et cette balance naturelle produit nécessairement, malgré le tumulte inséparable des assemblées populaires, un choix de députés capables de représenter tous les intérêts. En France, au contraire, les élus sont fort peu connus des électeurs, et la plupart, au lieu de songer à conquérir les emplois par une opposition vigilante ou par une sage union avec le Gouvernement, préfèrent dépendre des ministres. Les préfets exercent d'ailleurs la plus funeste influence sur les électeurs, par l'effet d'un pouvoir administratif mal réglé ; enfin, la propriété n'a presque point de droit de suffrage, la majorité des propriétaires ne payant pas 300 francs de contribution directe. Dans cet état de choses, le parti ministériel ne se trouve qu'en présence du parti révolutionnaire. Les véritables indépendans, découragés, n'ont aucun point d'appui, et l'esprit de faction l'emporte inévitablement partout où le peuple peut être agité par les intérêts privés de quelques ambitieux : de là vient qu'il n'y a point en France d'opposition fortement établie dans l'intérêt national ; mais, au contraire, deux oppositions qui se croisent ou qui se rallient pour embarrasser les ministres, elles n'attaquent presque jamais que pour des intérêts privés ; tandis qu'en Angleterre et dans les États-Unis d'Amérique, les membres de l'opposition, marchant d'accord, sont toujours les sentinelles de la liberté et le fanal du ministère.

LE MIL. A vous entendre, la loi sur les élections n'est donc pas aussi libérale qu'on le dit.

LE DÉP. Cette loi a été faite comme la plupart des lois françaises, par le parti dominant et pour son intérêt. On vit bien qu'elle était contraire aux droits du peuple, à la liberté des suffrages, et qu'elle détruisait par sa base la monarchie constitutionnelle ; mais personne ne songea à ce que le Gouvernement représentatif exige. Les royalistes proposèrent des choses inexécutables (1) ; les hommes de la révolution appuyèrent fortement une mesure qui devait la continuer ; et les ministres, aveuglés par l'amour du pouvoir absolu, ne virent pas que cette tentative,

____

(1) Les deux degrés d'élection, proposés par le côté droit de la Chambre de 1815, détruisaient l'élection directe ; or, l'élection directe est la base du Gouvernement représentatif. Sans elle, la masse des domiciliés ne peut connaître ni juger les candidats, encore moins les contenir par la crainte du refus des suffrages.

pour conserver leur dictature, tuait le Gouvernement légitime par leurs mains.

Le Mil. Ceci ressemble à la journée des dupes.

Le Dép. Vous pourriez bien avoir deviné le résultat de cette loi. Il y a lieu de croire que ses vices retomberont sur la tête des gens qui l'ont faite.

Il est bien évident que la propriété ne peut avoir une influence suffisante dans un pays où la majorité des propriétaires est privée du droit de concourir à la nomination des députés du peuple.

Il est bien évident enfin que, lorsque les propriétaires sont sans influence, il ne peut exister ni liberté, ni constitution, et que la monarchie se trouve dénuée de ses meilleurs appuis.

Le Mil. Pourquoi donc ne pas attaquer franchement un si grand mal ?

Le Dép. La presse n'était pas libre et la minorité des Chambres n'avait pas de connaissances suffisantes sur cette base du Gouvernement représentatif. Depuis cette funeste époque, les auteurs de la loi ont fait, dit-on, de tristes réflexions; mais ils se laissent entraîner par le courant, comme les gens qui se noyent.

Le Mil. Et le Roi, la patrie, les laisserez-vous périr ?

Le Dép. Croiriez-vous qu'on nous fait

journellement un tort de nos inquiétudes ? On ne veut seulement pas nous permettre le blâme sur des dispositions si funestes : la loi est faite, dit-on, il ne reste plus qu'à l'exécuter. Sans doute il faut lui obéir, tant qu'elle existera ; mais l'essence du Gouvernement représentatif n'est pas de supporter le vice des lois ; il est institué pour corriger leurs défauts (1).

LE MIL. Je commence à pressentir comment et pourquoi la plupart des abus ont été si soigneusement conservés, et comment un peuple naturellement heureux, ne peut développer ses facultés.

LE DÉP. Quand on ne voit que Paris, on n'est frappé que du luxe d'une grande capitale, que des circonstances du moment, que des intérêts de chaque coterie ; peu de gens songent à l'avenir, toujours

---

(1) On dira peut-être que d'après l'article 40 de la Charte, les électeurs doivent payer 300 fr. de contributions directes, et être âgés au moins de 30 ans ; mais l'art. 35 dit que l'organisation des colléges électoraux sera déterminée par des lois, donc le pouvoir législatif n'a reçu par la Charte aucun lien contraire aux droits nationaux. Les Chambres se sont trompées en discutant la loi sur les élections ; elles peuvent et doivent revenir sur une si grande erreur ; rien n'empêche d'ailleurs que le Roi ne modifie l'art. 40, avec le concours des pairs et des députés.

si prochain chez une nation qui fut de tout temps amoureuse de nouveautés.

LE MIL. Quels sont enfin les moyens de faire cesser des désordres qui produiraient nécessairement de nouvelles révolutions ?

LE DÉP. Je n'en connais qu'un seul ; c'est l'établissement du Gouvernement représentatif. Il faut que les Chambres et les ministres soient habituellement dans l'impossibilité de s'écarter de l'intérêt national.

LE MIL. Cela ne paraît pas facile ; les ministres, ainsi que les députés, sont hommes ; ils sont sujets à l'erreur, et je ne vois pas comment on pourrait les empêcher de se tromper.

LE DÉP. Tel est l'avantage du Gouvernement représentatif. Le peuple y exerce effectivement la censure par la liberté de la presse et par son droit de suffrage dans les élections (1). Il est presque impossible, dans cette forme de Gouvernement, que les fonctionnaires publics s'égarent, parce que leur marche est sans cesse éclairée par la discussion des actes qui intéressent la société ; et s'ils se trom-

––––––––––––––––––––––––––––––––

(1) Par le mot *Peuple*, on doit entendre la nation, et non la populace, que la révolution a honorée du titre de *Souverain*.

pent, la publicité, ainsi que la voix des intérêts privés, leur donnent bientôt les moyens de réparer leurs fautes.

Le Mil. Mais vous voyez qu'on n'a pas pris le bon chemin, puisque la loi sur les élections prive la majorité des Français du droit d'être représentés. D'ailleurs j'entends dire à gens de tous les partis, que nous ne sommes pas faits pour la liberté, que les Français sont habitués à l'obéissance passive, et que le Gouvernement absolu est celui qui convient le mieux à notre caractère, à nos habitudes, à notre situation géographique.

Le Dép. Tout cela se dit, et se répète en effet dans le cabinet des hommes puissans. Ces phrases si propres à flatter leur vanité, si capables de justifier momentanément le désordre, font impression sur l'esprit des faibles, et nous avons vu souvent les hommes les moins capables de gouverner, se mettre en tête qu'il ne s'agit que de faire des coups d'Etat pour vaincre les obstacles ; mais bientôt ces insensés, renversés par la force des choses, se sont crus trop heureux de ne pas porter leurs têtes sur l'échafaud.

On ne peut gouverner que par la justice, a dit le plus grand politique de l'antiquité (1). Ce mot dit tout, et jusqu'à ce qu'on m'ait prouvé que les Français aiment les vexations et la misère, je soutiendrai qu'un peuple aussi spirituel, doit désirer la liberté et les progrès de l'industrie, c'est-à-dire, le Gouvernement représentatif, seul capable d'assurer de si grands biens. Il ne s'agit pas d'ailleurs de savoir si nous regrettons l'ancien régime, la république, ou le despotisme militaire, chose impossible à présumer; il s'agit que la Charte existe, et qu'il faut affermir son exécution par le développement de tous les intérêts nationaux. Quelle folie de repousser un Gouvernement libéral avant de l'avoir essayé, et de croire que l'on pourra toujours éluder les promesses faites au peuple français!

LE MIL. Il ne s'agit plus que de savoir si l'on peut tenir ces promesses.

LE DÉP. Cela est beaucoup plus facile qu'on ne pense, parce que la nature nous a tout prodigué; mais le meilleur horloger ne pourrait faire marcher une mauvaise pendule, sans substituer de bons rouages aux mauvais.

____

(1) *Hoc verissimum sine summa justitia rem-publicam regi non posse.*

Cic.

Le Mil. Par quel expédient pourrait-on briser les chaînes qui pèsent sur la liberté et sur l'industrie nationale.

Le Dép. Par l'épuration des 48 mille lois révolutionnaires, par le rétablissement du pouvoir municipal, enfin par une meilleure administration des finances.

Le Mil. Tout cela serait bien long, bien difficile.

Le Dép. Pas tant qu'on le pense. Trois mois suffiraient pour la révision des lois, et pour régénérer notre systême fiscal.

Le Mil. Dans ce cas, les Chambres pourraient prononcer sur ce travail dans la prochaine session.

Le Dép. Tous les vices de nos lois ont été signalés par l'expérience ; il ne s'agit ainsi que d'épurer les Codes. Huit ou dix jurisconsultes auraient bientôt préparé ce travail. Quant aux finances, tout le monde sait à présent que leur marche est détestable, et nous avons d'excellens modèles dans nos anciens pays d'Etat, ainsi qu'en Angleterre, en Hollande, et dans les Etats-Unis. Observez bien qu'il ne s'agit que de comparer pour juger, et que cela est plus prompt, plus facile que de créer.

Le Mil. Dites-moi donc en quoi consiste la différence de la législation fiscale de ces pays à la nôtre. Je vois bien que leur trésorerie ne manque jamais d'argent, et qu'ici nous n'en obtenons un peu que par des emprunts usuraires et des forcemens de taxe.

LE DÉP La différence est très-grande ; la voici : dans les pays que j'ai cités, les taxes ne sont établies que sur les facultés réelles ; en France, elles ne le sont que sur des facultés présumées. Dans ces pays, les emprunts, bien établis, bien garantis, se font au taux le plus modéré, et l'argent qui en provient n'est employé, en dernière analyse, que pour l'augmentation de l'industrie nationale. En France, les emprunts se font sans règle, sans mesure, sans garantie réelle, pour couvrir des profusions de tout genre, et depuis deux cents ans, ces emprunts ont toujours été suivis de banqueroutes publiques.

LE MIL. Qu'est-ce que vous entendez par facultés réelles, par facultés présumées, et comment peut-on les distinguer chez les contribuables ?

LE DÉP. On entend par facultés réelles, celles d'un individu qui consomme ou qui salarie ; car pour consommer des vivres ou pour salarier des domestiques, des ouvriers, des artistes, il faut nécessairement avoir le moyen de payer : ainsi, il est clair qu'en taxant légèrement les consommations et le luxe, on ne taxe que les facultés réelles. Si, au contraire, on taxe les terres, dont il est impossible de connaître avec exactitude le revenu proportionnel, ainsi que les non-valeurs, et les personnes, dont le fisc ne peut calculer la détresse, l'aisance ou la richesse, on ne taxe que des facultés présumées, et le Gouvernement tombe malgré lui dans l'arbitraire (1).

Le Mil. Ne craignez-vous pas qu'en taxant les consommations, il n'en résulte la diminution de l'industrie, par le surhaussement du prix des denrées et de la main-d'œuvre?

Le Dép. Cela serait inévitable, si la taxe égalait ou surpassait la valeur de la marchandise ; mais lorsque cette taxe est modérée, et que son produit est employé à augmenter le bien-être de la société,

––––––––––

(1) Une autre considération montre encore l'injustice de la taxe sur les terres, lors surtout qu'elle est associée, comme en France, à des impôts sur la consommation. Dans ce système, le propriétaire, après avoir payé pour la terre, paye une seconde fois en consommant. Il paye, en outre, pour les hypothèques ; s'il est grevé de dettes, il ne peut ainsi lui rester aucune aisance ; dès-lors, il lui devient impossible d'établir une bonne culture, et les facultés réelles diminuent d'autant.

l'expérience prouve que, loin de diminuer la consommation et la production, l'impôt-indirect les augmente, et que toute industrie en est encouragée (1).

Le Mil. Cela ne paraît pas assez clair; il me semble que tout ce qui renchérit une chose diminue les moyens de l'obtenir.

Le Dép. Vous auriez raison, si le bon emploi de la taxe n'augmentait pas dans la Nation la faculté de reproduire et de jouir. Mais lorsque la somme des impôts est promptement reportée dans la circulation par un bon usage, ces impôts créent des facultés, au lieu de les détruire. Si, par exemple, au lieu d'entre-

---

(1) Cette vérité a été prouvée jusqu'à la dernière évidence en Angleterre et en Hollande, où l'accroissement de la richesse publique a constamment suivi l'assiette des contributions sur les consommations. M. Arthur Young a observé que le produit de ces impôts avait décuplé en Angleterre depuis 1688, et que depuis cette époque, les taxes directes avaient été constamment diminuées, tandis qu'en France, l'impôt sur les terres et sur les personnes avait été continuellement augmenté. Ce fait explique pourquoi l'agriculture française est si loin de celle de l'Angleterre, et pourquoi le peuple français est si loin de l'aisance du peuple anglais.

tenir de grandes armées, des bandes inutiles de fournisseurs, d'administrateurs,
de commis et des spectacles ruineux (1), le
Gouvernement voulait suivre les conseils
de Sully, l'argent que l'on emploierait à
vivifier tous les arts utiles enrichirait bien
vîte le Royaume. On triplerait ainsi
promptement les richesses et les consommations.

Le Mil. Il résulte de tout ce que vous
venez de dire, que tous les impôts doivent être sagement établis sur les consommations, et que le produit des taxes
ne doit être employé que pour la défense
de l'Etat et le développement de l'industrie.

Le Dép. Vous voyez qu'on fait le contraire en France, par le mélange absurde
des impôts directs avec les impôts indi-
rects, par un faste militaire aussi inutile
que dangereux dans un pays libre ; enfin,
par l'oubli des moyens que les besoins de
l'Etat sollicitent. Il nous faut de meilleurs

------

(1) On est bien scandalisé en jetant les yeux
sur les comptes publics, de voir que depuis
trente ans, les dépenses occasionnées par des
feux d'artifice, par de prétendues réjouissances
et par l'Opéra, excèdent les sommes employées
effectivement à l'encouragement de l'agriculture, qui, au surplus, n'a besoin que de sou-
lagement et de liberté.

chemins vicinaux, une meilleure naviga-
tion intérieure, des ponts, des halles, des
fontaines, des desséchemens de marais, de
nouvelles colonies, et le rétablissement
des anciennes. Il faut mieux exploiter nos
mines de fer, de cuivre, de plomb, de
charbon, il faut surtout encourager nos
pêcheries et les placemens sur la terre.
Tout cela demande que le Gouvernement
ne mange plus nos capitaux en dépenses
stériles.

Le Mil. J'ai entendu dire que pour
arriver à tous ces avantages, vous aviez
proposé la suppression graduelle de la
contribution foncière.

Le Dép. Je l'ai proposée, comme le
seul moyen de procurer de l'argent au
Public et au Trésor.

Le Mil. Ce moyen paraît singulier :
vous voulez enrichir le Gouvernement, en
lui ôtant un revenu de près de 300 millions (1).

Le Dép. Sans doute. N'est-il pas évident que l'Etat ne peut être riche, quand
les sujets sont pauvres, et que le Gouvernement, dans un bon système d'admi-

____

(1) La contribution foncière, compris les
centimes, les frais de contrainte, et les frais de
perception, coûte plus de 320 millions aux
propriétaires des terres et des maisons.

nistration, est en part des bénéfices de l'industrie ? N'est-il pas évident que le principal moyen d'enrichir les sujets en France, est de favoriser l'agriculture ? N'est-il pas évident enfin que l'agriculture française manque de capitaux, et qu'elle n'en aura jamais assez, si le fisc continue de l'épuiser comme il l'a toujours fait, depuis l'administration du duc de Sully ? Il faut donc supprimer graduellement la contribution foncière. Les pays bien administrés ne connaissent pas cet épouvantable impôt : nous pouvons ainsi nous en passer.

Le Mil. Je ne savais pas un mot de tout cela ; mon père sera bien content, je crois, si on le délivre des tracasseries de M. le Percepteur, des centimes *sans destination spéciale*, et des *facultatifs*, et des visites des garnisaires, etc., etc. (1).

____

(1) Le désordre est porté si loin sur le fait des centimes et sur les additions qu'ils occasionnent sur les rôles, que très-peu de propriétaires seraient en état de vérifier la cote de leur imposition ; il faut donc payer tout ce que demande le percepteur. Les ministres des finances et les différentes assemblées législatives paraissent avoir senti le vice de nos habitudes fiscales ; mais ils n'y ont trouvé d'autre remède que d'insérer chaque année dans la loi du budget, une défense expresse de lever d'autres con-

Le Dép. Je vous assure qu'un Améri-cain, un Anglais ou un Hollandais, se-raient bien étonnés, si on leur expliquait ce que l'on entend en France par ces taxes, et les fonctions de ces messieurs.

Le Mil. Je vois maintenant comment les propriétaires sont devenus pauvres, et pourquoi la majeure partie se trouve ac-cablée de dettes. J'ai entendu dire que l'on avait fait pour l'établissement d'une ban-que hypothécaire un relevé des registres de l'administration des domaines, duquel il résulte qu'environ le tiers des proprié-tés du royaume est absorbé par les hypo-thèques.

Le Dép. Le fait est vrai, et rien ne prouve mieux la détresse des propriétaires français ; elle est d'autant plus étonnante qu'un grand nombre avait payé ses dettes avec des assignats, et que tant que cette manufacture de papier a duré, le paye-ment des contributions était à peu près de nulle valeur ; il est donc incontestable que la cause de cette misère tient aux vices de la législation et de l'administra-tion.

Le Mil. Pourquoi nos manufactures

tributions que celles autorisées par cette loi ; preuve certaine de la continuation du désordre auquel on veut remédier.

sont-elles si peu nombreuses, si peu profitables, en égard à la population de l'Etat , et à l'industrie naturelle du peuple.

Le Dép. Cela vient encore des mêmes causes. Quand les lois rendent les droits civils incertains , gênent la circulation et l'exportation des denrées, attaquent les capitaux pour des dépenses inutiles ou funestes, l'usure et la parcimonie naissent de tous côtés , la consommation diminue, et les manufactures ont peu de choses à faire.

Le Mil. Nous pourrions du moins travailler pour l'étranger , puisque nous ne sommes pas assez riches pour consommer nos propres ouvrages.

Le Dép. Malheureusement la plupart de nos manufactures ne peuvent soutenir la concurrence de celles de l'Angleterre, de la Suisse et de l'Allemagne, excepté pour quelques articles de luxe inimitables de finesse et de goût , qui ont l'avantage d'être produits avec des matières indigènes, ou tirées des pays voisins.

Le Mil. Pourquoi ne pouvons-nous pas soutenir cette concurrence ?

Le Dép. C'est toujours par la même raison. Quand le manufacturier est pauvre et que l'argent est cher , l'industrie ne peut lutter contre les pays ou les fabricans sont riches, et l'argent à bon marché.

Le Mil. Dans ce cas, les métiers les plus honorables sont actuellement peu lucratifs en France.

Le Dép. Sans doute, et voilà pourquoi tant de gens industrieux sont réduits à solliciter des places, et perdent si souvent dans ces sollicitations, le sentiment de leur dignité personnelle. Voilà pourquoi le Gouvernement est surchargé de traitemens, de pensions, d'indemnités, dont la masse effrayante augmente chaque année les taxes, et ruine de plus en plus l'agriculture, les manufactures et le commerce. C'est ainsi que de mauvaises lois changent sans cesse en hommes improductifs, une foule d'individus qui auraient fait la fortune de leur patrie.

Le Mil. On dit que les impôts sont énormes dans les pays libres.

Le Dép. On devrait dire très-productifs. La preuve qu'ils ne sont pas trop onéreux, c'est que les Anglais, les Américains, les Hollandais, sont généralement plus riches que nous, quoique nous ayons un meilleur sol, et plus d'activité naturelle.

Le Mil. Mais on assure que l'Angleterre est remplie de pauvres.

Le Dép. Il est vrai que les pauvres se

sont multipliés en Angleterre, en proportion de l'accroissement de la population et du développement de ses manufactures : le moindre rallentissement dans son commerce, occasionne aujourd'hui la suspension du travail ; le moindre progrès dans l'industrie du Continent, peut réduire une grande partie des ouvriers anglais à l'inaction. Cet état de choses exige un sérieux examen et de prompts remèdes. En Angleterre, on ne laisse point les pauvres sans subsistances, on sait que la société doit venir à leur secours ; mais il n'est pas nécessaire de les secourir avec tant de magnificence, et l'autorité sentira problablement bientôt qu'il vaut mieux employer une partie de la taxe pour les pauvres à la fondation de nouvelles colonies. Dans les autres parties de l'Europe, on se borne à l'entretien de quelques hôpitaux et à tolérer la mendicité. Les manufactures sont peu nombreuses, le territoire fort étendu, et la population est proportionnellement beaucoup moins considérable ; ainsi les causes qui augmentent le nombre des pauvres, en Angleterre, se font moins sentir ailleurs, quoique la misère y soit plus grande.

Le Mil. Comment se fait-il que les secours publics si considérables dans nos budgets de dépense , soient dans le fait si faibles pour secourir les infirmes et les victimes des incendies , grêles ou inondations , etc.

Le Dép. Cela vient encore du *laisser aller* de la puissance législative , et des effets de l'oligarchie ministérielle. Rien n'est positivement réglé pour la distribution de ces secours ; de là vient qu'ils ne produisent presqu'aucun bon effet.

Le Mil. Nous avons du moins beaucoup d'hôpitaux et d'associations de charité.

Le Dép. Ces établissemens sont dus principalement au zèle des municipalités, et sont devenus une charge de plus pour les communes , depuis que l'on a confisqué le bien des pauvres ; à présent , il faut suppléer par des taxes à leurs besoins.

Le Gouvernement doit assurer du travail à la jeunesse, du repos et du pain à la vieillesse , et des secours réguliers aux infirmes. A-t-il jamais complètement rempli ces trois conditions (1) ?

Le Mil. On dit que c'est la multiplication des machines qui occasionne dans les pays de manufactures, l'augmentation des pauvres. Depuis qu'une machine peut

---

(1) On proposait à Aureng-Zeb de bâtir des hôpitaux. *Je rendrai mon empire si riche*, répondit-il , *qu'il n'en aura pas besoin.*

faire autant d'ouvrage que deux ou trois cents fileuses, il me paraît clair que beaucoup de bras doivent se trouver sans emploi (1).

Le Dép. Vous êtes dans l'erreur la plus complète ; les machines, en simplifiant, perfectionnant et accélérant le travail, diminuent le prix des marchandises ; elles augmentent ainsi la facilité de les acquérir et les jouissances des nations ; par suite, elles accroissent la consommation et la reproduction des matières premières. Ainsi, loin de diminuer les occupations du peuple, elles les multiplient ; car on ne peut augmenter la masse des laines, du chanvre, du lin, du suif, des cuirs, des huiles, etc., sans améliorer l'agriculture, c'est-à-dire, en définitif, sans

____

(1) On trouvera peut-être que cette digression est un hors-d'œuvre ; mais, si l'on considère que la prospérité des peuples européens est intimement unie aux progrès de leurs manufactures, et que les manufactures ne peuvent prospérer que par la liberté, on verra que ce sujet se lie à l'examen des avantages que produit le Gouvernement représentatif. Il faut observer en outre que le peuple français n'étant pas assez régulièrement employé et salarié, la nécessité de la multiplication des machines n'est pas assez sentie, et que beaucoup de gens ne cessent de crier contre cette multiplication.

employer un plus grand nombre de bras, de terres et de bestiaux. Si, dans l'état actuel de l'industrie européenne, on supprimait les machines, le prix des étoffes et des meubles s'élèverait subitement. Très-peu de gens seraient en état de les acquérir, le défaut de vente ferait crouler la plupart des manufactures, et les innombrables ouvriers qu'elles occupent, se trouveraient sans ouvrage. Charles IX n'avait que quelques paires de bas de soie, Henri IV n'avait qu'un carrosse, on ne possédait que des miroirs du temps de Louis XIV, et de nos jours, la mousseline, ainsi que la perkale, ont été des objets d'un grand luxe. Aujourd'hui, les bas de soie, les glaces sont à un prix très-modéré ; les carrosses sont communs, et l'on peut avoir une chemise de perkale pour six francs. Vous voyez par ces exemples, que les machines n'ont pas diminué l'industrie, et qu'il ne s'agit que de proportionner le travail à la population. L'avantage de la France est immense à cet égard sur l'Angleterre ; celle-ci a presque tout fait pour sa prospérité, tandis qu'ici tout reste à faire, depuis le défrichement d'une grande partie du royaume (1), jusqu'à la construc-

---

(1) Les landes de Bordeaux, celles de Bretagne, celles de la Sologne, du Nivernois, du

tion des villages et à l'établissement de bons moyens de communication par terre et par eau. Nos villes n'exigent pas moins d'améliorations, on ne peut les habiter sans danger , faute d'éclairage suffisant (1) , de trottoirs , d'égouts et de tuyaux pour conduire jusqu'au sol les eaux pluviales.

Le Mil Tout cela me paraît facile à arranger. J'entends dire d'ailleurs que les coffres de la Trésorerie sont pleins d'argent, et que si les ministres voulaient y consentir, on pourrait diminuer, dès cette année , les impôts de plus *de cinquante millions.*

Le Dép. J'en suis très-convaincu ; mais

____

Berry , de la Champagne , du Quercy , et même du Haut-Languedoc , etc. , etc. , accusent bien plus notre Gouvernement que notre industrie.

(1) Les observateurs sont étonnés de l'obscurité de la plupart des rues de Paris. Non-seulement on n'éclaire point les jours où la lune doit paraître , mais on allume trop tard , et l'on ne trouve presque point de réverbères dans les rues écartées , où ils seraient le plus nécessaires. On assure au surplus que l'on astreint les entrepreneurs à payer , comme ceux des maisons de jeu, des pensions de faveur désignées sous le nom de pensions sur le clair de la lune. Nous ne certifions que l'obscurité nocturne des rues de Paris.

il n'en est pas moins vrai que nos finances sont dans l'état le plus déplorable , parce que les taxes sont destructives de la propriété , de l'industrie , et que la comptabilité des ministères et du Trésor ne présente aucune garantie.

LE MIL. Ce que vous dites , paraît en effet l'opinion générale ; mais puisque le Trésor regorge d'argent ou de bonnes valeurs, nos affaires ne sont pas difficiles à arranger.

LE DÉP. Vous vous trompez encore. La difficulté consiste bien moins à rassembler de l'argent qu'à l'obtenir par des moyens proportionnés aux facultés des contribuables pour en faire ensuite un bon usage. Or , vous voyez bien que l'argent qu'on enlève au peuple français est généralement mal employé , puisqu'une nation naturellement si riche est habituellement si pauvre.

LE MIL. Vous conviendrez au moins que cela n'est pas sans remède.

LE DÉP. J'en suis depuis long-temps bien convaincu, et que nous serons le peuple le plus heureux de la terre, quand nous le voudrons : il ne s'agit, je vous le répète , que de bien établir le Gouvernement représentatif. Alors nos lois s'épureront, notre administration simplifiée s'éclairera , et nos finances seront

bien vîte perfectionnées. Notre systême se
borne aujourd'hui à déguiser la marche
de l'administration, à sur-taxer les contribuables, à faire des emprunts usuraires, sans aucune nécessité. La Trésorerie
ressemble à un homme riche, qui, pour
avoir le plaisir d'entasser des écus, cher-
cherait de l'argent chez des Juifs, et ven-
drait les troupeaux, ainsi que les char-
rues de ses métairies.

Le Mil. Il est pourtant des gens qui
assurent que notre administration financière est un chef-d'œuvre, que la perception des taxes est de la plus grande
exactitude, et que les ministres ont réta-
bli le crédit.

Le Dép. Les faits prouvent sans réplique, que ces taxes, si sévèrement le-
vées, produisent beaucoup moins que l'on
ne pourrait attendre de la richesse naturelle du Royaume. Quant au crédit, je
ne conçois pas comment on ose en parler,
quand on emprunte à 10 ou 12 pour cent,
et que la dette publique augmente sans
cesse, sans que l'on emploie le montant
des emprunts au profit de l'industrie nationale.

Le Mil. Mais nous avons une Caisse
d'amortissement qui éteindra bien vîte
cette dette.

Le Dép. Jusqu'à présent, cette Caisse

n'a fait qu'augmenter nos charges, et l'on a très-justement observé qu'elle ne pouvait remplir le but de son institution. Que fait elle en effet ? Elle prend tous les ans 40 millions à la Trésorerie pour acheter des effets publics ; mais il faut de deux choses l'une, ou que la Trésorerie remplace ces 40 millions par un emprunt, dont le taux est inévitablement plus cher que le rachat par la Caisse n'est profitable ; ou bien, il faut que la Trésorerie impose ces 40 millions sur l'agriculture et le commerce, c'est-à-dire qu'elle prive l'industrie d'un énorme capital qui aurait été si productif entre les mains des propriétaires, des commerçans et des manufacturiers. Une Caisse d'amortissement ne peut-être utile que lorsqu'il y a grande abondance de capitaux dans la circulation, et qu'elle est dotée par des revenus indépendans. Or, vous voyez bien que rien de tout cela n'existe en France : donc cette Caisse n'amortira rien ; elle n'est propre qu'à favoriser l'agiotage.

LE MIL. La Caisse d'amortissement n'est-elle pas une institution anglaise ?

LE DÉP. Sans doute ; mais le fonds d'amortissement de l'Angleterre n'a rien de commun avec ce qui se pratique à cet égard en France. Ce fonds anglais, au lieu d'appauvrir la Trésorerie, lui fournira cette année près de 3oo millions de francs, et la circulation, loin d'être gênée par ses opérations, en a toujours été augmentée.

Le Mil. Nous avons donc bien mal imité nos voisins.

Le Dép. Au lieu de suivre le chemin que leur a tracé la liberté, nous n'avons suivi que les caprices du despotisme.

Le Mil. Comment se fait-il que nous restions dans cet état de déréglement, et que la comptabilité de la Trésorerie soit si obscure ?

Le Dép. Prenons patience ; un jour viendra, sans doute, où l'on sentira que les administrations collectives sont les seules raisonnables. Y a-t-il rien de plus bizarre que de laisser le Trésor public dans les mains d'un seul homme, qui ne pourrait suivre la marche de cette machine compliquée, quand même les journées seraient pour lui de quarante-huit heures ! Dans les mains d'un homme qui, en sa qualité de ministre, est doublement exposé aux séductions, aux inadvertances, à l'influence des sous-ordres, et qui, quelles que soient sa probité, sa fermeté, ses talens, peut être arrêté dans ses immenses travaux par un accès de fièvre, par une intrigue de cour, de ville ou de bureau !

Le Mil. Vous ne dites rien de Messieurs les directeurs-généraux, ni de leur faculté d'avancer, de destituer ou de réformer plus de 45,000 employés, dont le sort et le vote est à leur disposition?

LE DÉP. Cet épouvantable abus a fixé l'attention des Chambres ; il y a donc lieu de croire que bientôt il disparaîtra.

LE MIL. Vous ne parlez pas de la chose la plus difficile, de la difficulté de trouver de bons ministres?

LE DÉP. Dans les pays libres, la marche des affaires met tous les talens en évidence, et l'on trouve facilement des hommes de bon sens, parce que les lois et les institutions rectifient le jugement, au lieu de le fausser. Or, tout homme de bon sens est un bon ministre, sous le régime de la liberté, parce que l'opinion publique le guide sans cesse, et qu'il est toujours contenu par une sage opposition ; alors il est indifférent que tel ou tel individu s'élève au ministère, puisqu'il ne peut s'y élever que par des talens *prouvés*, et s'y maintenir que par *de vrais services*.

LE MIL. Vous croyez donc l'opposition nécessaire dans un Gouvernement représentatif?

LE DÉP. Elle est indispensable. *Si l'opposition pouvait cesser en Angleterre, je payerais pour la rétablir*, disait lord Chatam. Ce ministre célèbre savait qu'une opposition régulière est le seul moyen d'empêcher le Gouvernement de courir à sa ruine. Il est inconcevable que nos ministres ne voient pas que l'opposition peut seule alléger leur tâche, et diminuer leur responsabilité.

LE MIL. Avons-nous en France une opposition régulière ?

LE DÉP. Voilà précisément ce qui nous manque. Par suite des vices de la loi sur les élections, nous avons dans les Chambres deux oppositions, au lieu d'une ; et toutes deux me paraissent loin d'agir d'après les principes que l'on suit dans les pays libres. L'une de ces oppositions se tait, au lieu d'attaquer ; elle perd ainsi les occasions de défendre les droits civils, et d'éclairer l'opinion publique ; l'autre attaque toujours, mais ne propose jamais rien pour l'affermissement de la Charte, ni pour la destruction réelle des abus ; elle se borne à montrer que la machine va mal, et ne veut pas voir que les vices de cette machine viennent des doctrines et des faits de la révolution.

Je crois que l'on pourrait adresser en France, aux gens qui se disent exclusivement libéraux, ainsi qu'à ceux qui se disent exclusivement royalistes, à peu près les mêmes questions, et qu'ils seraient aussi embarrassés d'y répondre que les ministériels.

Le Mil. Quelles seraient ces questions ?

Le Dép. Je demanderais aux trois partis : Qu'avez vous fait pour la liberté et la prospérité de votre pays? Où sont vos plans de législation et d'administration ?

Qu'avez - vous fait pour soulager le peuple et pour protéger l'industrie ?

Qui de vous a fortement protesté contre la tyrannie dite constituante, contre les fureurs de la convention, contre les turpitudes du directoire, contre les extravagances de Bonaparte, contre l'oligarchie des ministres ?

Qui de vous, dans toute sa carrière, a tendu une main secourable aux opprimés par les détentions arbitraires et les horreurs du secret ?

Qui de vous a fortement poursuivi les dilapidateurs du Trésor et demandé leur punition?

Qui de vous s'est prononcé contre les importations inutiles et désastreuses des blés de l'étranger (1) ?

____

(1) Il résulte d'un rapport du Ministre de l'Intérieur, que le Gouvernement a fait introduire en France, de 1816 à 1817, 868,000 hectolitres de blé, et 34,000 sacs de farine : ce qui, pour une population de 27 millions d'habitans, forme à peu près *un jour et demi de subsistance* ; en supposant qu'il n'y ait eu aucune

(62)

Qui de vous a proposé un meilleur systême de taxation, de perception et de
comptabilité?

Qui de vous a montré la nécessité de
rétablir le Gouvernement municipal, et
de donner une véritable influence à la
propriété?

Qu'avez-vous fait pour remédier aux
abus? Qu'avez-vous fait pour faire aimer
et respecter l'autorité de la couronne au-
dedans et au-dehors?

---

perte, aucune avarie sur des matières venues de
si loin. Il est reconnu que la France avait, lors
de la récolte suivante, beaucoup plus *d'un jour
et demi de subsistance* dans les greniers; donc,
l'importation était inutile, autant qu'absurde;
elle a jeté l'alarme dans tous les marchés et produit plusieurs émeutes; elle a coûté, en outre,
61,281,074 francs pour les achats, 4,297,123
francs pour frais de manutention, 4,412,602
francs pour transport et revente, 6 millions
pour prime, et l'intérêt de ces sommes. Ainsi,
cette malheureuse opération a constitué l'État
en deboursés pour plus *de 80 millions*, dont
une grande partie en non-valeurs. Il en est ré-
sulté encore, en 1818 et 1819, la dépréciation
des blés français, Bordeaux et Marseille ayant
reçu trop tard une partie des grains expédiés en
Crimée et des Etats Unis. Des plaintes réitérées
ont enfin déterminé les ministres à faire cesser
les primes, et même à proposer une loi sur le
commerce des blés. Espérons qu'elle sera dis-
cutée sur la base de l'expérience. *Cet espoir vient
encore d'être trompé.*

Qui de vous, pendant la guerre et pendant la paix, a songé à l'indemnité dont la France a besoin en Amérique, pour la perte de Saint-Domingue?

Qui de vous, au nom de la France et du commerce du continent européen, a demandé le renouvellement de nos liaisons avec l'Espagne (1)?

Qui de vous, enfin, a saisi l'ensemble et les détails de nos besoins, ainsi que ceux de l'administration? Diront-ils que l'initiative n'appartient qu'aux ministres, et qu'il n'y a point de loi sur leur responsabilité? On répondrait que cette initiative ne peut gêner les opinions; que le devoir des hommes libres est de dire toutes les vérités utiles; que chaque pair, chaque député, a le droit de demander aux ministres des explications, et de provoquer la communication des traités. On répondrait que jamais personne n'a songé, en

---

(1) Si la France, d'après l'esprit du pacte de famille, avait donné à l'Espagne les secours dont elle avait besoin, il y a long-temps que les insurrections de l'Amérique-Méridionale seraient terminées, et les États-Unis ne se seraient pas emparés des Florides. Quelle faute pour le présent et l'avenir! Il est probable qu'en moins d'un siècle, l'Amérique tiendra le sceptre de l'Univers; alors la vieille Europe sera réduite à lui payer tribut.

Angleterre, en Hollande, ni dans les Etats-Unis, à faire une loi particulière sur la responsabilité ministérielle, parce que le principe de lois est le même pour tous les membres qui composent la société. Le vol, les dilapidations, les trahisons, les excès de pouvoirs, sont partout des crimes, dont les principes sociaux exigent la punition ; s'ils n'ont pas été prévus par une loi spéciale, ils n'en doivent pas moins être poursuivis et punis par les tribunaux (1).

Tous les partis en France ont besoin d'indulgence et d'instruction. Trop souvent jusqu'ici, les plus grandes affaires ont été conduites dans les ténèbres par les plus plates intrigues, par les plus petits intérêts, par les plus misérables vanités. Ces temps déplorables sont heureusement passés ; la France, sous l'autorité légitime, est maintenant maîtresse de son sort.

Le Mil. Quel serait le moyen de régulariser la marche de l'opposition ?

Le Dép. Ce serait de suivre à cet égard

(1) La plupart des ministres et des agens de la couronne accusés et poursuivis en Angleterre, ne l'ont été que d'après les principes généraux de la législation, et souvent pour des faits qui n'avaient pas été prévus par la loi, notamment M. Hastings et lord Melville.

la marche des pays libres. Il faut que l'opposition ait des chefs visibles (1), des orateurs connus, des journaux, des lieux de réunion, des dîners, des souscriptions ; enfin, un plan général, soutenu par des hommes qui montrent du talent et du patriotisme. Il faut que la défense de l'intérêt national rende constamment ce parti populaire, et que les ministres, pour conquérir cette popularité, soient toujours forcés à de généreux efforts. Cette noble et perpétuelle rivalité vaudrait mieux que nos deux oppositions, qui tantôt se combattent, et tantôt se réunissent ; elle vaudrait mieux pour l'intérêt public, que des attaques individuelles, que des discours écrits, dans lesquels on ne peut prévoir les changemens de la question, ni toutes les ramifications du sujet ; on terminerait enfin ces divagations, qui prennent parfois le temps de l'assemblée, et qui exposent l'orateur à ne pas être soutenu par son parti.

Le Mil. On dit que pour toutes ces choses nous sommes trop corrompus, et que nous n'avons pas assez d'esprit public.

____

(1) Les deux derniers princes de Galles ont été chefs de l'opposition, et deux frères du régent figurent aujourd'hui parmi les principaux membres de ce parti.

LE DÉP. Ce sont des calomnies toujours soutenues par les gens qui veulent nous tenir en tutelle à leur profit. Il y a autant de bons sentimens en France qu'en aucun autre pays. Mais comment développer ces bons sentimens, lorsque l'autorité publique veut tout diriger et dirige conséquemment assez mal ; lorsque le peuple, privé de toute intervention dans les affaires publiques, est réduit à ne s'occuper que de ses plus petits intérêts, ou de chansons, de spectacles et d'épigrammes ? Étonnons-nous que le peuple français, toujours emmailloté, n'ait rien perdu de son heureux caractère. Les Anglais, administrant eux-mêmes leur pays, sont bien forcés d'avoir un esprit public : ici cela était impossible, puisqu'il n'y avait réellement aucun intérêt national.

LE MIL. Que pensez-vous de l'instruction publique, dont les frais sont si considérables ?

LE DÉP. Je crois qu'on ne peut trop déplorer l'inutilité de la munificence des Chambres, et que depuis cinq années, les ministres n'aient pas trouvé le temps de présenter un projet de loi sur l'éducation nationale, c'est-à-dire sur celle qui convient à des hommes libres, dont il faut empêcher que l'on égare le jugement par de vaines théories, et par l'excitation des passions.

Le Mil. Croyez-vous qu'il soit néces-saire de placer la religion au sommet de la législation et de l'instruction publique.

Le Dép. Sans doute. Il faut tonjours se souvenir du mot de Plutarque : *On bâtirait plutôt une ville en l'air, qu'une cité sans religion.* Tous les peuples libres, tous les gouvernemens sages, out tiré leur principale force de leur attachement aux principes religieux, seuls capables de fonder la morale et de conserver la tranquillité publique.

Le Mil. Que signifient donc les déclamations des prôneurs de la révolution?

Le Dép. Elles sont un hommage involontaire rendu par eux à la vérité : ils sentent que la religion combat et doit vaincre les idées révolutionnaires; de là leur haine profonde pour tous les hommes religieux.

Le Mil. Me voilà convaincu qu'il serait facile de bien faire en France en toutes choses, et qu'il vaudrait mieux suivre les principes du Gouvernement représentatif, que de tourner dans un cercle dangereux, en irritant les partis, pour les opposer l'un à l'autre. Comment se peut-il donc que l'ordre constitutionnel ait tant de peine à s'établir parmi nous? Le Roi, son auguste Famille, et tous les hommes éclairés, veulent là Charte ; la prospérité du Royaume, la paix de l'Europe dépendent de l'entière exécution de cet acte fondamental ; le peuple français est confiant, généreux, fidèle. Où sont donc les obstacles ?

LE DÉP. Ils viennent d'un petit nombre d'hommes, accoutumés à vivre d'intrigues, d'abus et de révolutions ; sous quelque masque qu'ils paraissent, ils combattront toujours pour le pouvoir absolu, parce que les mots de justice, de liberté, de publicité, les feront toujours trembler. Les obstacles viennent aussi de ce que les ministres, en France, n'ont jamais pu comprendre qu'une autorité arbitraire se détruit d'elle-même, et qu'ils ne trouveront la gloire et la sécurité que dans l'entier établissement du Gouvernement représentatif.

LE MIL. Puisque vous avouez que les ennemis de l'ordre constitutionnel sont peu nombreux, ils ne sont point à craindre (1).

----

(1) On n'a point oublié que lorsque des circonstances extraordinaires eurent amené Fouché dans le conseil du Roi, ce ministre fit deux rapports, dans lesquels il posait en fait que la majorité des Français était irrévocablement attachée à la révolution ; s'il avait dit à la liberté,

LE DÉP. Vous avez d'autant plus de raison, que la plupart de ces hommes

à la Charte, au Gouvernement représentatif, chaque homme éclairé aurait approuvé la phrase; mais n'ayant parlé que de la révolution, et l'esprit révolutionnaire ayant été constamment l'opposé de l'esprit de la liberté, la France vit avec étonnement qu'elle était calomniée, sans pouvoir se défendre; la presse était esclave, et la police eut soin de supprimer la plupart des réfutations du rapport ministériel. Il était évident que le ministre avait voulu relever un parti vaincu pour en être le chef, et que, pour donner de l'importance à ce parti, il avait exagéré sa force : il ne pouvait cependant se dissimuler la faiblesse des révolutionnaires; plusieurs recherches avaient été faites pendant ses différens ministères pour connaître tous les individus liés d'intérêt à la révolution; et quoique l'on eût compris très-injustement dans ces tableaux tous les fonctionnaires publics, tous les officiers et sous-officiers des armées de terre et de mer, tous les acquéreurs et sous-acquéreurs de domaines nationaux, sans distinction, même leurs enfans, on assure que le total n'excédait guères 94,000 individus, dont il aurait fallu distraire tous ceux qui ont donné des gages à la restauration. Fouché comprit sans doute qu'un tel tableau, loin d'appuyer ses prétentions, prouverait que la France est royaliste par sentiment, par besoin, par intérêt; le tableau a donc été supprimé : mais comme il importait aux chefs de la révolution de conserver leur crédit, ils n'en ont pas moins continué d'affirmer que la France était essentiellement ont fait et font encore preuve d'incapacité ; mais ils sont actifs, remuans, intimement unis par leurs fautes, comme par leurs succès, pendant que les amis du trône, se croyant assez forts de la bonté de leur cause, agissent isolément, et ne paraissent pas assez convaincus que la révolution ne peut se terminer que par la liberté publique et la conciliation de tous les intérêts.

LE MIL. Comment concilier des intérêts si contraires ?

---

révolutionnaire, et qu'il fallait ménager sans cesse les intérêts révolutionnaires. Chose étrange, tous les ministres qui se sont succédés ont soutenu la même thèse ; aucun d'eux n'a examiné si ces intérêts étaient conformes à ceux de la liberté, de la civilisation, de la paix et de la légitimité. Cette grande cause est maintenant jugée par l'opinion publique, et la révolution doit s'attendre à perdre de jour en jour les éloges que ses partisans lui ont prodigués.

Si l'on contestait, malgré la publicité des dénombremens, l'existence du tableau dont on vient de faire mention, on pourrait encore compter sur l'exactitude du fait, jusqu'à ce que la preuve contraire ait été complétement fournie. Concluons que la masse du peuple français est fidèle, et que les révolutionnaires n'ont repris de l'importance que par les fautes des ministres et surtout par l'absence du Gouvernement représentatif.

Le Dép. Ils le sont beaucoup moins qu'on le pense, parce que les avantages du Gouvernement représentatif rendraient bientôt la position de chaque individu meilleure qu'elle ne fut jamais.

Le Mil. Quel serait le premier effet d'une bonne administration?

Le Dép. Ce serait de tuer l'usure constamment excitée par les fausses opérations du Gouvernement; ce serait d'encourager l'agriculture et de diminuer les impôts; ce serait d'animer les manufactures et le commerce par une grande circulation et le bas prix de l'argent; ce serait enfin de donner de bons soutiens aux ministres, qui ne peuvent en trouver dans un système de bascule, de laisser-aller, et d'oppression.

Le Mil. Mais comment les choses ont-elles pu marcher jusqu'à présent, en suivant une ligue si contraire à l'intérêt national?

Le Dép. La Providence a réparé la plupart de nos fautes; elle peut se lasser de nous accorder son secours. Tous les peuples ont dû jusqu'à présent défendre la cause de la légitimité; cet intérêt pourrait faire place à d'autres, si dorénavant nous ne savions pas faire un meilleur usage de notre expérience, et de nos avantages naturels.

LE MIL. Il me paraît clair que le Gouvernement représentatif est une fort bonne chose; mais, je vous le répète, j'entends dire souvent que nous ne sommes ni Anglais, ni Américains, ni Hollandais, et que ce qui peut leur convenir ne nous est pas toujours applicable.

LE DÉP. Je conviens qu'il existe dans chaque pays des différences physiques et morales qui modifient les hommes et les lois; cependant, il n'en est pas moins vrai qu'il est des principes généraux dont les effets doivent être partout favorables. Ainsi, il est très-évident que la liberté favorise partout l'industrie, que la liberté ne peut exister dans l'état social, sans l'appui de la propriété et de la justice; que l'agriculture, les manufactures et le commerce ne peuvent prospérer quand l'administration publique empêche la reproduction des capitaux; que l'établissement des impôts d'un pays doit être proportionné à ses facultés; que la comptabilité doit être simple, claire et bien surveillée; enfin, qu'aucun membre de la société ne doit manquer de secours dans le besoin. Un Français a tout autant d'intérêt qu'un homme des pays libres à faire prévaloir ces idées; ces grands intérêts sont les plus nobles qui puissent occuper l'humanité. Pourquoi donc notre Nation ne serait-elle pas capable de jouir d'un bon régime constitutionnel?

Le Mil. J'aperçois encore un avantage sous un tel Gouvernement ; chacun doit y trouver sa place, dès qu'on possède la capacité nécessaire.

Le Dép. Cela est si vrai, qu'il serait impossible de citer en Angleterre ou dans les Etats-Unis un seul homme à talent qui n'ait pas été employé quand il l'a voulu. Cela vient de ce que le ministère, ainsi que l'opposition, ont un besoin continuel de recruter pour leur parti des hommes capables de le faire valoir, et de ce que tous les talens sont constamment soutenus par l'ensemble et l'effet des institutions. Ainsi, sous le Gouvernement représentatif, on est sûr, non-seulement d'être placé quand on le mérite, mais on est encore très certain de n'être pas privé de son emploi sans de fortes raisons. En France, au contraire, on n'arrive ordinairement que par la faveur, et l'on ne se maintient que par des complaisances. Montesquieu ne fut jamais employé par les ministres ; il ne fut président dans une Cour souveraine, que parce qu'il eut le moyen d'acheter sa charge ; le chancelier de l'Hôpital, le chancelier d'Aguesseau, Fénélon, Catinat, ont passé une partie de leur vie dans l'exil, et je crois qu'on ne pourrait citer aucun homme considérable dans notre histoire, qui n'ait été plus ou moins victime des intrigues de la médiocrité.

Le Mil. Hâtons-nous de sortir de cet état décourageant. Dites-moi ce qu'il faut faire ?

Le Dép. Ce n'est que le résumé de ce que nous venons de dire. Voici les bases d'un plan général d'administration constitutionnelle :

1°. *Etablir, sous la présidence d'un commissaire du Roi, un comité pour la formation d'un plan général d'épuration des lois et des usages administratifs;* n'admettre dans ce comité que des hommes franchement constitutionnels ;

2°. *Lorsque les bases de ce travail seront arrêtées par le comité, il faudra les examiner attentivement, dans le conseil des ministres, afin qu'elles servent de règle à chacun d'eux, après l'adoption définitive du plan par les Chambres et le Roi.* Ce point est d'autant plus important, qu'il est reconnu qu'aucun ministère ne peut se soutenir sans plan, sans uniformité de principes et sans connexions ;

3°. *Faire annoncer les bases du plan par les journaux semi-officiels, afin de préparer l'opinion publique ;*

4°. *Suivre franchement dans l'appliciation des lois l'ordre constitutionnel résultant de leur épuration ;*

5°. *Rétablir les administrations municipales entre les mains des notables; donner plus d'influence à la propriété dans les élections, et se hâter d'augmenter le nombre des membres de la Chambre des Députés;* le tout afin de pouvoir balancer réellement l'esprit de parti;

6°. *Administrer dorénavant la Trésorerie par cinq commissaires responsables, présidés par le ministre des finances, qui serait le premier commissaire;*

7°. *Rétablir pour les ministères de la guerre, de la marine, de la justice et de l'intérieur,* des conseils royaux, *formés de conseillers d'État et de maîtres des requêtes.* Ces conseils formeraient une pépinière d'hommes d'État, et ne seraient chargés de l'examen des affaires que pour éclairer la décision du ministre (1).

8°. *Supprimer le conseil d'État, et le remplacer par un conseil privé* (2), sans

---

(1) Nous avons des conseillers d'État, des maîtres des requêtes, des sections du conseil d'État; mais rien de tout cela ne forme des conseils royaux, parce que ces sections n'ont pas une existence permanente, parce que l'on ne tient point registre dans les sections, parce que l'on ne peut conséquemment y constater les faits, ni l'opposition des membres opposans.

(2) Le conseil privé, en Angleterre, est une institution constitutionnelle, qui remplace, à plusieurs égards, le parlement, dans l'intervalle des sessions.

jurisdiction, *composé des hommes les plus éminens en talens, en dignités, en vertus.*

Le Mil. Voilà qui est très bien. Je vois que par l'exécution de ces huit articles, on couperait les racines du désordre; mais on ne fera rien de ce que vous conseillez.

Le Dép. Pourquoi donc? Doutez-vous de l'intelligence et du patriotisme des Français?

Le Mil. Je ne doute que de leur persévérance ; je crains qu'ils ne se laissent encore égarer par les partisans des abus, de l'intrigue et de la servitude.

Le Dép. Il ne faut aux ministres qu'un peu de fermeté et de bon sens pour se tirer de l'abîme et se couvrir de gloire ; ils n'ont jamais vu l'ensemble du mal et du remède : mais maintenant leur noviciat doit être terminé; ils ont appris par leur propre expérience qu'il est impossible de rester dans l'état où nous sommes, que de nouvelles concessions aux révolutionnaires ne feraient qu'augmenter leur audace, et que la France ne peut être gouvernée sans l'exacte observation du système représentatif.

Le Mil. J'en suis très-convaincu. Ce système est si clair, si juste, si facile à suivre, qu'il est impossible de croire que personne dans le Gouvernement n'en ait senti l'utilité. Il faut que quelque cause secrète se soit opposée jusqu'à présent à la mise en action de la Charte ; mais je connais un moyen sûr de terminer le combat, il faut la faire exécuter par la force.

LE DÉP. Vous sortez vous même de la ligne constitutionnelle. Sous un Gouvernement représentatif, ou qui doit le devenir, il ne peut y avoir de ces coups violens, que l'on nomme ici des coups d'Etat ; parce qu'en dernière analyse, toute la puissance nationale chez les peuples libres, dépend de l'opinion publique, et que chez eux, on ne saurait l'égarer sur l'exercice des droits civils.

LE MIL. Eh bien ! comment faire, puisque la raison a si peu d'empire sur l'olygarchie et la bureaucratie ?

LE DÉP. Ne voyez-vous pas que l'opposition de l'intérêt public à quelques intérêts privés, réduirait bientôt ceux-ci au silence ; il ne s'agit donc que de bien faire connaître cet intérêt public, et voilà ce que la liberté de la presse opère parfaitement, partout où elle est établie. Quelques fous peuvent à leurs risques en faire un mauvais usage ; mais en somme, elle assure toujours la puissance de la justice et de la liberté. Soyez certain que la faculté de penser et d'écrire préviendra tous les excès du pouvoir et forcera doucement les ministres, pour leur intérêt et pour le nôtre, à faire un bon usage de l'autorité qui leur est confiée. Les coups d'Etat ne sont plus nécessaires en France, ils renverseraient très-sûrement ceux qui voudraient encore en essayer.

LE MIL. Mais les ministres ne céderont pas ; vous voyez avec quel acharnement ils ont défendu tous les abus, malgré le cri de la France, et la loi des élections, malgré l'opinion de l'Europe.

LE DÉP. Ils se sont égarés, parce qu'on n'a pas cessé de les irriter par des attaques personnelles : ils céderont, soyez-en sûr ; ils doivent savoir aujourd'hui qu'une alliance entre l'esprit révolutionnaire et la légitimité est impossible, parce que cet esprit fut toujours contraire à la liberté, à la propriété et aux véritables droits de la maison de Bourbon ; ils sentiront que leur gloire exige qu'ils s'attachent irrévocablement aux principes du Gouvernement représentatif. Au surplus, si, contre leur intérêt, ils voulaient conserver un pouvoir absolu, la liberté de la presse les renverserait bientôt, parce qu'elle donne à l'opinion cette puissance irrésistible qui naît de la vérité, de la justice et de l'intérêt national. Soyez certain qu'à présent la censure régulièrement placée dans les mains du public, détruira sans retour l'arbitraire et l'oligarchie.

Le Mil. C'est évident. Je vois qu'il serait impossible à l'avenir de suivre le système de bascule et de différer l'établissement du Gouvernement représentatif ; l'effet de la loi sur les élections fortifiant nécessairement le côté gauche ou le côté droit de la Chambre des députés, et le parti ministériel baissant chaque jour.

Le Dép. Il faut donc que les ministres suivent la ligne constitutionnelle ou qu'ils abandonnent leurs places ; s'ils veulent les garder, ils n'ont pas un moment à perdre pour régulariser le mode des élections ; ils ne peuvent et ne doivent chercher à se soutenir désormais, que par le suffrage des propriétaires, des manufacturiers, des commerçans et des hommes éclairés.

Le Mil. Il me semble que la situation personnelle des ministres est fort dangereuse : les deux partis opposés ont l'un et l'autre grande envie de les détruire, ils pourraient bien s'entendre sur ce point, malgré la différence de leurs opinions.

Le Dép. Cela n'est pas impossible ; mais que gagnerait le public à ce changement ? Les nouveaux ministres pourraient-ils gouverner une machine ingouvernable ? Quand on changerait aujourd'hui le ministre de la justice, le jury n'en serait pas moins sous l'influence des préfets, les tribunaux n'en seraient pas moins embarrassés par des formes bizarres et des lois contradictoires.

Quand on changerait le ministre de la guerre, les bureaux n'en seraient pas moins les maîtres d'adjuger les fournitures et de diriger à leur gré la comptabilité, les liquidations, etc., etc.

Quand on changerait le ministre de la marine, cela ne ferait rien pour l'augmentation de la marine marchande, c'est-à-dire que cela n'augmenterait, ni le nombre, ni l'expérience des hommes de mer : il est même très-probable que cela ne changerait rien dans la manière de faire les approvisionnemens, ni d'administrer les colonies.

Quand on changerait le ministre de l'intérieur, son successeur n'en serait pas moins l'administrateur souverain d'un produit annuel de 6 millions, provenant de la funeste tolérance des jeux de hazard; il ne serait pas moins le chef d'une police qui ne fut jamais constitutionnelle (1).

____

(1) L'espionnage, établi depuis si long-temps en France, et si soigneusement conservé par tous les hommes qui nous ont dominés depuis trente ans, n'est propre qu'à démoraliser le peuple et à faire haïr le Gouvernement. Les juges de paix suffisent dans les

Enfin, quand on changerait le minis- tre des finances, la contribution foncière, n'en opprimerait pas moins l'agriculture : les droits réunis n'en vexeraient pas moins les propriétaires des vignes et les vigne- rons ; et la bureaucratie n'en irait pas moins son train accoutumé.

Il faut donc commencer par établir un plan général de législation et d'adminis- tration, avant d'exiger une marche régu- lière des ministres ; et si, comme je vous l'ai dit, ce plan est fondé sur l'exécution complète du système représentatif, cha- que Français verra bientôt prospérer ses intérêts personnels.

Alors un ministre ne craindra point d'être légèrement mis en accusation, et pourra administrer avec régularité.

Alors un pair ne sera jamais placé en- tre sa conscience, ses habitudes et ses ambitions.

Un député sera toujours certain de bien servir son pays, quel que soit dans la chambre le parti qu'il préfère.

Un noble ne sera jamais réduit pour obtenir de l'avancement, à faire une cour

---

pays libres, pour maintenir la tranquillité pu- blique. On ne doit point oublier les rôles que plusieurs agens de la police ont joué dans les prétendues conspirations qu'elle a poursuivies.

assidue à des commis ou à un valet de chambre.

Un magistrat ne craindra plus d'être égaré par l'incohérence des lois.

Un militaire sera toujours certain de combattre pour la liberté, pour la patrie et pour le Roi.

Un agriculteur ne redoutera plus les taxes arbitraires, les réquisitions, le cadastre, les défenses de sortir les grains et les bestiaux, les taxes sur l'exportation des vins et des eaux-de-vie, l'importation funeste des blés de l'étranger, ni les visites des garnisaires et des vérificateurs, etc.

Un manufacturier sera sûr que les douanes protégeront effectivement son industrie, et qu'elles cesseront de taxer les matières premières.

Un négociant verra augmenter la circulation des richesses, la consommation des marchandises, et rétablir les colonies.

On ne verra plus des préfets, des directeurs généraux, des receveurs généraux, des commis, jouir de bénéfices supérieurs aux produits de plusieurs communes. Aucun traitement ne pourra excéder *douze mille francs*, excepté ceux de ministre, de maréchal de France et d'ambassadeur (1).

----

(1) Il est à désirer que les ministres mettent

On ne verra plus aventurer les capitaux de la Trésorerie pour soutenir des agioteurs (1).

On ne proposera plus de nouveaux emprunts, pour couvrir un prétendu déficit (2).

On ne verra plus présenter aux Chambres des états de revenus atténués et des états de dépense exagérés (3).

---

eux-mêmes un terme à des prodigalités, si inutiles et si scandaleuses. Ils ont eu grand tort de souffrir que leurs amis aient fort maladroitement comparé, dans la Chambre des Députés, les gains des fermiers généraux avec ceux des chefs de la finance actuelle. De ce que les ministres de Louis XV administraient mal, il ne s'ensuit point que l'on doive tolérer des abus aussi crians, lorsque le Roi a voulu mettre un terme aux oppressions de la fiscalité, en nous accordant le moyen de faire cesser ces oppressions, par la discussion de l'impôt et des lois.

(1) Cette opération a distrait 56 millions de leur destination ; une grande partie de cette somme immense ne reviendra jamais au Trésor ; cependant cette affaire très-inconstitutionnelle a été étouffée comme plusieurs autres que l'histoire révélera peut-être.

(2) La Chambre des Députés vient de constater un excédent très-considérable.

(3) La Chambre vient encore de constater ces atténuations et ces exagérations.

On ne croira plus enrichir le Gouvernement, en ruinant les contribuables.

Chaque individu sentira les avantages du Gouvernement représentatif, et que son établissement était inséparable de la légitimité. Un bien-être inconnu calmera les regrets, les haînes, dissipera les inquiétudes. La plupart des fautes commises en trente années d'inexpérience se répareront, par les bienfaits de la liberté ; enfin chaque Français, sous la protection du fils de Henri IV, verra s'accomplir le vœu de ce Roi d'éternelle et glorieuse mémoire (1).

---

(1) Personne n'ignore ce mot adorable de Henri-le-Grand : JE VEUX QUE TOUS MES SUJETS PUISSENT AVOIR LE DIMANCHE LA POULE AU POT.

FIN.

Tableau Comparatif de l'administration de la France et de l'Angleterre.

FRANCE.

1°. Législation faite à neuf sur des théories prétendues philosophiques.

2°. Système de gouvernement dans lequel les ministres prétendent balancer tous les intérêts, et régler toutes les affaires publiques. Dans ce système, la bureaucratie dispose nécessairement des droits civils, puisque la nation n'est pas continuellement en mesure d'en régler l'exercice.

3°. Chambre des Pairs, composée de l'ancien Sénat, de l'ancienne Pairie et des nouveaux Pairs. La plupart de ces Pairs reçoivent un traitement considérable.

4°. Chambre des Députés peu nombreuse. Les membres sont nommés par environ cent mille électeurs, dont une grande partie n'est pas propriétaire. Il faut payer 3oo francs de contributions directes pour être électeur, ce qui suppose un revenu de 1,500 francs au moins.

5°. Tribunaux très-nombreux ; leur compétence et leurs règles ne sont pas toujours positivement déterminées par les lois.

6°. Préfets, Sous-Préfets et Commissaires de police *salariés*, chargés de l'exécution de toutes les mesures d'administration, à l'aide d'un corps nombreux d'employés civils et de gendarmes (1).

7°. Armée que l'on veut porter à 160,000 hommes, accompagnée de nombreux états-majors et de gouverneurs militaires dans chaque division.

8°. Marine militaire toujours faible, parce qu'elle n'est soutenue que par les classes, et que beaucoup de matelots classés n'ont jamais vu la mer. Cette marine est administrée par un seul ministre qui gouverne en outre les colonies.

9°. *Contributions* ; elles sont directes ou indirectes, et la plupart portent sur des facultés présumées.

10°. Les frais de perception des taxes sont de 12 à 20 pour cent.

11°. La Trésorerie est entre les mains d'un seul ministre.

12°. L'importation des blés étrangers est habituellement permise sous un faible droit, et l'exportation des blés français est presque toujours défendue ; elle est d'ailleurs taxée, lorsqu'elle est libre, ainsi que celle des vins, eaux-de-vie, etc.

13°. La majeure partie de la France est cultivée en trois soles. Dans ce système, le tiers du terrain reste sans culture, et les deux autres tiers n'en obtiennent qu'une médiocre, faute d'engrais et de bons assolemens.

14°. La plupart des manufactures sont hors d'état de supporter la concurrence de celles de l'étranger, faute de capitaux, de machines et de consommation suffisante dans l'intérieur du Royaume.

15°. L'industrie nationale a toujours été blessée par les lois et par l'administration.

16°. La machine du Gouvernement est compliquée, irrégulière et très-dispendieuse, parce que l'administration veut gouverner tous les intérêts, et qu'elle paye une foule de gens inutiles qui veulent se rendre nécessaires.

Résultat général. Jusqu'à présent, les droits de la couronne, ainsi que ceux des sujets, n'ont point été suffisamment garantis.

La cote part d'un Français dans le revenu national, *n'est pas de douze sous par jour*, d'après les évaluations de MM. de Forbonnais, Lavoisier, Arnould, Ramel, Chaptal, etc., etc.

ANGLETERRE.

1°. Législation résultante des anciens usages, établie dans toutes ses parties, pour la protection des personnes, des propriétés et de l'industrie.

2°. Gouvernement représentatif fondé sur la propriété, la liberté, la justice et l'intervention nationale dans tous les actes qui concernent l'intérêt public. Dans cet ordre de choses, l'autorité ministérielle se réduit près à diriger l'action du parlement.

3°. Chambre des Pairs, composée des hommes les plus considérables par la naissance, la fortune et les services rendus à l'État. Ces Pairs ne reçoivent aucun traitement.

4°. Chambre des Communes, nombreuse ; la plupart de ses membres sont effectivement élus par la masse des propriétaires. Il suffit de posséder un revenu de 4o schellings (48 francs), pour être électeur.

5°. Douze Juges, une Cour de chancellerie, un Tribunal du banc du Roi et quelques Tribunaux ecclésiastiques. Les magistrats ne prononcent que d'après des lois positives.

6°. Juges de paix administrant gratuitement chaque localité, à l'aide d'un jury pour chaque affaire d'intérêt public, et de constables, dont la majeure partie n'est point payée.

7°. Armée de 20,000 hommes, secondée en temps de guerre pour la garde du Royaume, par une milice organisée par le lord lieutenant de chaque comté. Le lord lieutenant ni son état-major, ne sont point salariés.

8°. Marine militaire toujours formidable, parce qu'elle est fondée sur un grand commerce maritime. Cette marine est administrée par plusieurs commissaires appelés lords de l'amirauté ; ils ne se mêlent point du gouvernement des colonies.

9°. *Contributions.* Elles sont indirectes, et ne portent que sur des facultés réelles. La taxe pour les pauvres et celle sur les terres, sont cependant des impôts directs ; mais le premier est un impôt de localité, et le second racheté en grande partie : ces deux taxes ne sont point versées au Trésor.

10°. Les frais de perception des taxes sont de 2 à 6 pour cent.

11°. La Trésorerie est entre les mains de plusieurs commissaires.

12°. L'importation des blés étrangers est habituellement défendue, et l'exportation des blés anglais est encouragée par une gratification considérable.

13°. Le pays est très-bien cultivé, quoiqu'il ne puisse être comparé sous les rapports du climat, du sol et la variété des produits aux belles parties de la France, de l'Allemagne, de l'Espagne et de l'Italie.

14°. Les manufactures priment généralement celles du Continent, par l'abondance de leurs capitaux et de machines, par la perfection de leurs ouvrages et la modicité de leur prix. Elles sont en outre soutenues par grande consommation intérieure, résultant de l'aisance du peuple anglais.

15°. L'industrie nationale a toujours été protégée par les lois et par l'administration.

16°. La machine du Gouvernement est simple, régulière, peu dispendieuse, parce que c'est la nation qui administre elle-même, et que la plupart des fonctionnaires ne sont point payés.

Résultat général. Tous les droits de la couronne sont complètement garantis, ainsi que ceux des sujets ; cote part d'un anglais, dans le revenu national, est suivant les écrits de M. Beeke, Rose, Young et les tableaux qui ont été faits pour *l'income tax*, d'environ 2 schellings, 5 p. 1/2 par jour, *environ 3 francs.*

(1) Les juges de paix n'avaient aucun émolument, lors de leur institution en France, et l'on ne paye ni les maires, ni les administrateurs des hôpitaux ; il serait donc très-possible d'établir dans chaque canton, comme en Angleterre une administration à la fois royale, nationale et gratuite...